# LA PRATIQUE DU ZEN

*« Spiritualités vivantes »*

**Albin Michel**
■ *Spiritualités* ■

*Collections dirigées
par Jean Mouttapa et Marc de Smedt*

# TAISEN DESHIMARU

# La Pratique du Zen

*Préface de Marc de Smedt*

Albin Michel

*Premières éditions*

LA PRATIQUE DU ZEN — ZA-ZEN
© Éditions Seghers, Paris 1974
Troisième édition revue et corrigée, 1977
TEXTES SACRÉS DU ZEN
© Éditions Seghers, Paris, 1975

*Nouvelle édition revue et corrigée*
© Éditions Albin Michel, 1981
22 rue Huyghens, 75014 Paris

ISBN 2-226-01287-7
ISSB 0755-1835

*Vie éternelle*

# La Voie abrupte

POSTURE D'ÉVEIL

L'aube. Aube des consciences et du corps. Silhouettes sombres, immobiles, assises droites sur leurs coussins ronds, jambes croisées, genoux au sol, nuques droites, yeux mi-clos, souffle lent et profond.

Calme, calme. Silence.

Troublé parfois — mais peut-on dire qu'un chant d'oiseau trouble le silence — par la voix rauque du maître qui commente, lentement, des textes sacrés archaïques, pénétrés d'une sagesse aussi vieille que l'univers.

Dans le corps, tensions, chaleurs, ondes diffuses et rayonnantes qui vont et viennent de centre en centre, éveillant organes et chakras : énergies subtiles dont on prend conscience... Est-ce cela la vraie conscience, cette façon de penser du tréfonds de la non-pensée ? L'être devient alors son propre miroir, laissant alterner fantasme et réalité nue, intuitions fulgurantes et vide intérieur qui se répand en soi comme une mer d'ondes calmes.

Où est le soi, où est l'illusion ? Les phénomènes et leur essence se mêlent alors dans cette posture de Bouddha qui trace une boucle entre le défini et l'infini.

Ici, dans le dojo, on est ensemble. Et seul, tout à la fois. Mais le dojo, ce lieu où se pratique la Voie, celle qui est sous vos pieds, celle qui apparaît et disparaît d'instant en instant, celle qui s'attache à notre souffle, à notre vie, le dojo peut se retrouver partout, là où un être humain veut s'arrêter un temps, s'asseoir sans rien faire, devenant ainsi centre du cosmos : dans cette posture-là, la vie quotidienne trouve sa vraie place, et prend son sens car, au sein de l'action, la méditation la magnifie. Et l'enracine.

Connais-toi toi-même, et tu connaîtras l'univers, dit l'adage tant de fois repris à travers les siècles : ici et maintenant, en Za-zen, le voilà réalisé.

Respecte-toi et tu respecteras la vie : quand Taisen Deshimaru dit que Za-zen représente la plus haute dimension de l'être humain, il a raison, car l'être s'y retrouve et s'y découvre, plonge en sa source et s'illimite, enfin. Découvre le vrai sens du Zen, cette voie abrupte d'éveil.

LE MAÎTRE ZEN

Le biologiste Jonas Salk écrit : « Nous sommes conscients du rôle joué dans l'évolution de l'homme, non seulement par sa posture verticale et son pouce opposable, mais encore par son invraisemblable et remarquable cerveau. Qui aurait pu prévoir l'évolution du cerveau humain à partir des formes de vie qui émergèrent du limon primordial ? » Et l'autre jour, Salk rend visite à Taisen Deshimaru, dont il a lu les ouvrages, se fait montrer la posture, y trouve comme un reflet de sa propre recherche. En effet, l'observation des arcanes de la nature, telle qu'elle se pratique dans les laboratoires les plus avancés, débouche sur une cosmologie qui présente bien des points communs avec le message de la sagesse bouddhiste. Salk, après avoir invité Deshimaru dans son célèbre centre de recherches biologiques, le *Salk Institute*, en Californie, terminera l'entretien par ces mots : « Des maîtres de la recherche intérieure tels que vous et des savants tels que moi doivent trouver un langage commun : nous devons y travailler. La biologie se veut le langage de la vie, le Zen aussi. Il faut unir l'individu et sauver l'espèce. Je suis conscient que la pratique de Za-zen permet au *soma* de s'harmoniser avec les rythmes énergétiques et cosmiques qui régissent aussi les rapports entre cellules et molécules... La sagesse perçue comme force d'existence est une nécessité absolue pour l'homme. Le dernier choix possible pour survivre. »

En cela, Taisen Deshimaru est un grand maître de ce temps : pleinement conscient des problèmes créés par la crise de notre civilisation technologique, il œuvre en toute lucidité dans le sens même de l'évolution. La posture millénaire qu'il transmet à l'Occident redresse l'être, fait travailler sa colonne vertébrale, cet axe pivotal, équilibre la juste tension des muscles et l'homéostasie entre les systèmes nerveux, calme l'agitation des couches superficielles du cerveau tout en renforçant les zones profondes et primitives où se développent instinct et intuition. Les pages qui suivent préciseront cet aspect des choses : disons simplement que Za-zen unifie deux entités en fait indissociables : le corps et l'esprit. Et ce, sans enfermer la personnalité dans un cocon sécurisant : école de vie, le Zen ne s'échappe pas de la réalité, mais plonge avec force dans la multiplicité des facettes qui en forment la trame. Il ne s'agit pas de fuir, de se réfugier dans une métaphysique fumeuse, mais d'avancer avec résolution sur les chemins de la vie. Ainsi le concept du *ki* s'avère-t-il important : c'est l'énergie, l'activité, la force équilibrée et concentrée. La pratique du Zen le développe, nous le verrons plus loin. De plus, il est clair que l'homme est un organisme vivant, libre et aussi un organisme social, dépendant des autres : Za-zen permet à l'individu de percevoir son propre esprit-corps, de lutter contre ses faiblesses, d'accroître ses potentialités latentes et par cette plongée en lui de pouvoir envisager clairement son être propre aussi bien que celui des autres.

Dans le silence se défait la solitude...

Le Zen transmis par Deshimaru lutte contre toutes les forces d'inertie de notre temps. Et pour ceux qui sont en quête d'un absolu fait de l'inconnu qui nous fonde, la pratique de Za-zen est une réponse vécue. Les bouddhistes ont toujours dit : chaque être a la nature de Bouddha. En effet, chaque être vit. Tout l'univers est mouvement. Qu'est-ce qui meut la danse des atomes et des particules ? Plus la science avance, plus ses limites éclatent à l'infini. De quoi sommes-nous faits ? Qui habite ce vêtement de chair. Quelle énergie ? Pourquoi la naissance, pourquoi la mort ? Tout cela forme l'au-delà qui est en nous et nous fait avancer, chercher, comprendre, découvrir..., être. Le chemin de la vie doit être une initiation permanente, une aventure, une quête où le Moi se réalise, s'apprend, se libère et passe le seuil des attachements pour atteindre une vision claire de cet univers où l'illusion règne, où les phénomènes se mêlent au vide, c'est-à-dire à l'impermanence mouvante de toute réalité. « La vie et la mort disparaissent continuellement, allant et venant, changeant constamment, et bourgeonnant sans cesse à la surface de toute cette terre. Quand nous sommes vivants, la vie est activité totale. Quand nous sommes morts, la mort est activité totale. La vie est expérience de la vie et la mort expérience de la mort. Vie et mort, ensemble, sont l'apparence actuelle de la vérité », disait maître Dogen, au XIIIe siècle. Cela ressenti, il faut suivre notre Voie...

Za-zen nous ouvre automatiquement, inconsciemment, naturellement, à cela. Deshimaru dit : « La posture elle-même est satori. » Éveil. Et en lisant ce livre, vous comprendrez pourquoi le mot de Jacques Brosse (1) sonne si juste : « La posture exclut l'imposture. » Car, d'une simplicité extrême, elle est toutefois bien complexe : reflet de nous-mêmes, elle ne nous épargne pas, ne passe sur aucun de nos travers, dévoile notre ego et nous oblige à nous regarder en face, plus intimement et durement que jamais, éveillant nos moindres fibres d'être. Taisen Deshimaru, en nous la faisant

---

(1) *Satori ou un début en za-zen*, Éd. R. Laffont.

*La Voie abrupte*

connaître, donne à l'humanité la clé d'une porte. Une porte à laquelle nous rêvons tous.

Alors, pourquoi ne pas s'éveiller de notre rêve ?

MARC DE SMEDT

*Le son de la cloche du soir.*

# Présentation

Quelle est notre vie ? Nous n'avons plus le temps de vivre. La machine nous emprisonne plus qu'elle nous libère. Ni les famines ni les guerres d'extermination n'ont disparu de la surface du globe. Nous combattons l'inquiétude de notre condition à coups de tranquillisants et de télévision anesthésiante. Le confort de notre niche environnementale débilite nos corps, tandis que le stress urbain surexcite nos nerfs. Le progrès tient lieu de religion, et l'argent de sacrement. Le souci nous ronge et l'angoisse nous lamine. La nuit nous dormons mal. Le jour nous sommes mal éveillés. Nous pensons à des riens. Nous pensons trop. Nous n'arrêtons pas de penser... Nous n'avons même plus le temps de souffler. D'ailleurs, l'air que nous respirons commence à être toxique, l'eau que nous buvons, polluée, la terre que nous habitons, surpeuplée et saccagée. Nous acquérons le sentiment de la survie dans l'instant sous la menace conjuguée de l'étouffement des formes de vie sur la planète et de l'autodestruction atomique. Et voici que l'énergie vient à nous manquer, non seulement celle, bien visible, qui provient du bois, du charbon, du pétrole, mais aussi une forme plus subtile d'énergie : le ressort pour faire face à la situation. Et quelle situation ! Un douloureux voyage entre la naissance et la mort, un éclair de conscience, fulguration brève, comme l'étincelle jaillie du silex, ou l'astre surgi de la nuit...

Pourquoi sommes-nous sur cette terre ? Nous avons perdu

nos origines. Nous ne nous connaissons plus. Nous sommes une espèce qui dépérit parce qu'elle n'a pas son plein de lumière, d'énergie, de silence, de vide... Comment devenir vraiment vivants ?

Il y a vingt-cinq siècles, en Inde, non loin du Gange, un homme médite, assis sous un figuier. Cela fait six semaines qu'il est assis de la sorte, en méditation. Son corps ne bouge pas et, s'il n'y avait son souffle, profond et puissant, on le dirait mort. Complètement immobile, tranquille comme une montagne. Il ne refuse ni la nourriture, ni le sommeil, ni la délicate attention d'une femme à ses côtés. Simplement il a décidé de ne pas bouger de sous son arbre tant qu'il n'aura pas résolu le problème de la naissance et de la mort. Une nuit, peu avant l'aube, alors que Vénus brille dans le ciel, il découvre l'ultime secret. « A la dernière veille de la nuit j'ai atteint l'ultime science... Les ténèbres furent chassées et la lumière apparut. » Il est devenu Bouddha, ce qui en sanscrit signifie *l'éveillé*. Il a découvert un diamant. Va-t-il le garder ? Il a trouvé la clé. Doit-il la donner ? Un instant, il hésite. Puis il décide de consacrer toute son existence terrestre à la transmission du secret. Ce secret, le voici : *Commencer par s'asseoir. Dans la posture du Bouddha. Concentré sur la tenue du corps et la respiration.* La voie est d'une simplicité confondante. Seulement s'asseoir. Sans affaires, sans pensées. Vide. En posture d'éveil...

Bouddha est suivi par les foules et entouré d'un groupe fervent de disciples. Son message traverse toutes les dimensions de l'existence. Il prend la forme d'une profonde philosophie, d'une morale rigoureuse. Il s'incarne dans un immense mouvement religieux qui pénètre toute l'Asie. Très vite, après sa mort, certains disciples refusent de mettre l'accent sur l'interprétation des Écritures et l'observation des préceptes moraux et des rites. Ils insistent sur la pratique, ici et maintenant, de la posture de Bouddha. Et ils soutiennent que l'essence de son enseignement se transmet en dehors des écrits, « de mon âme à ton âme », par un maître initié dans la ligne directe du Bouddha. Une anecdote rapportée par la

## Présentation

tradition décrit ainsi la transmission originelle : « A la fin de sa vie, lors d'une conférence, Bouddha prit une fleur dans sa main et, la montrant aux disciples assemblés, sans mot dire, la tourna délicatement entre ses doigts. Personne ne comprit, sauf Mahakashyapa, qui sourit. Lui seul avait, à cet instant, réalisé l'essence de l'enseignement du Bouddha. » Telle est, substantiellement, l'origine du *Zen* (1).

Au VI$^e$ siècle de notre ère, un moine ceylanais, Bodhidharma, apporta en Chine la précieuse graine de la pratique ici et maintenant. Les Écritures et la religion bouddhistes avaient déjà pénétré le pays, et l'empereur se croyait un fervent bouddhiste. Il demanda à Bodhidharma : « Quel est le principe ultime de la Vérité Sacrée ? » Bodhidharma dit : « *Un vide insondable et rien de sacré.* » L'empereur reprit : « Mais qui ai-je donc en face de moi ? » Bodhidharma lui répondit : « Je ne sais pas ! » L'empereur ne comprit pas. Et Bodhidharma se retira neuf ans dans la montagne, où il se consacra exclusivement à la méditation dans la posture de Bouddha, face à la paroi rocheuse...

En l'espace de quelques générations, son message fut entendu dans la Chine entière, et il n'y eut plus une parcelle de cette terre, nourrie de la sagesse du Tao, où le secret du Bouddha n'eût été propagé. Des Maîtres se levèrent, comme Houei-Neng, Houang-Po, Lin-Tsi (2), dispensant un enseignement tout de verdeur et de force cosmique, revenant à la simplicité primitive, et confrontant chacun de nous à l'urgence de contempler son visage originel.

Progressant toujours vers l'Est, la vibration gagna le Japon sept siècles plus tard, d'abord grâce à Eisai, qui y introduisit l'enseignement de Rinzaï, et peu de temps après grâce à Dogen.

A l'issue d'un voyage en Chine, celui-ci avait acquis la

---

(1) Le mot, qui signifie « méditation sans but, concentration », est un avatar du sanscrit *Dhyana*, qui a donné *Tch'an* en chinois, et *Zen* en japonais.
(2) *Eno, Obaku, Rinzaï*, en japonais.

conviction inébranlable que l'assise désintéressée dans la posture de Bouddha est l'éveil, et que l'éveil n'est autre que cela. Il consacra les trente années qui lui restaient à vivre à diffuser les principes du *za-zen* (*za* en japonais signifiant s'asseoir). Telle est l'origine de l'école *Soto Zen*, fondamentalement centrée sur la pratique de la posture d'éveil, ici et maintenant. Le Zen fleurit dans cette grande île alors couverte de forêts, et soumise à la domination de la caste des guerriers (samouraïs). Il allait tellement imprégner les coutumes des habitants que, de nos jours encore, où il ne reste que des traces de la splendeur passée, la vie quotidienne des Japonais est marquée par son influence.

Maître Taisen Deshimaru est né le 29 novembre 1914 au Japon, dans la province de Saga. Son grand-père paternel enseignait le judo aux samouraïs, sous l'ère Meiji, et son grand-père maternel était docteur en médecine orientale. Son père était homme d'affaires et fut maire de la ville, et sa mère, fervente bouddhiste, l'instruisit religieusement. Dès son enfance, Taisen Deshimaru rencontre le moine Kodo Sawaki, réformateur hardi qui revint au pur enseignement de Dogen (XIII$^e$ siècle), c'est-à-dire à la source même du Zen : la pratique du za-zen, qui est elle-même l'Éveil. Taisen Deshimaru étudie à l'université de Yokohama, puis occupe un poste de responsabilité dans les activités minières de la société Mitsubishi. Pendant la guerre, il fut envoyé en Indonésie, mais n'en continue pas moins l'enseignement de Kodo Sawaki et à faire za-zen. A son retour au Japon, il fonda l'Institut culturel asiatique.

Avant de mourir, Maître Kodo Sawaki fait de lui son successeur et lui confère la transmission *(shiho)*.

Maître Deshimaru arrive à Paris à la fin de l'année 1967, mandaté pour toute l'Europe par le Zen Soto, et soutenu par l'ensemble des écoles Zen du Japon. Il a établi 46, rue Pernety, à Paris, un dojo élevé au rang de Temple Zen en 1975 et un monastère Zen près de Blois. Devenu Roshi, Maître Deshimaru est maintenant Supérieur général du Zen Soto pour l'Europe et l'Afrique : dépendent de lui actuellement

*Présentation*

plus de quarante dojos tant en France qu'en Suisse, en Belgique, en Angleterre, en Allemagne de l'Ouest, en Italie, en Espagne, au Portugal, au Maroc... L'*Association Zen d'Europe* (46, rue Pernety, Paris 14e) soutient sa mission. Iwamoto Zenji, chef du Soto Zen, et président de la Fédération Bouddhiste Japonaise, a dit de lui qu'il était « le Bodhidharma des temps modernes ».

Le message de Taisen Deshimaru est celui de tous les maîtres et de tous les Bouddhas : seulement s'asseoir. Sans but ni esprit de profit. L'essentiel est za-zen. La posture est l'éveil.

VINCENT BARDET

Zan Mai : *Samadhi*.

*On raconte qu'aux États-Unis, on pouvait lire sur le fronton d'une académie rationaliste : « Dieu est mort », signé : Nietzsche. Un matin, on découvrit, sous la devise, cette phrase, écrite à la peinture indélébile durant la nuit : « Nietzsche est mort », signé : Dieu.*

*Le vrai Dieu existe. Il ne meurt jamais, car Dieu signifie la plus haute vérité, ou l'énergie fondamentale de l'univers. Dieu existe, mais l'humanité s'est enfuie loin de lui, la civilisation moderne a complètement tourné le dos à l'ordre de l'univers. Comment pouvons-nous retrouver et suivre l'ordre et la vérité cosmiques, ou Dieu ?*

*En Occident, philosophes, écrivains, penseurs ont soulevé ce problème, sans parvenir à donner vraiment une conclusion, une solution, une méthode. Depuis que je suis arrivé en Europe, j'ai continué à pratiquer za-zen avec mes disciples qui veulent se rapprocher de l'ordre cosmique, et trouver pour cela une méthode véritable, forte, efficace. Mon Zen condense l'enseignement transmis par tous les Bouddhas, tous les maîtres et les sages, et l'expérience spirituelle de l'Asie. Enseignement dont l'essence est harmonie, union du matériel et du spirituel. La plus haute sagesse veut la paix, l'unité, au-delà de la relativité, de la dualité, des contraires.*

*Si vous êtes nombreux à lire ce livre, si vous comprenez son enseignement, j'en serai très heureux : vous redresserez en vous et autour de vous le courant de l'évolution. Vous, Européens, créerez, par la fusion de l'esprit oriental et de l'esprit occidental, la plus haute dimension de la vie.*

*Avec ma profonde affection et les vœux ardents que je forme pour votre bonheur présent et futur.*

Dojo Pernety, 1ᵉʳ septembre 1974.
TAISEN DESHIMARU

*Le cheval du vide chevauchant le ku, le vide.*

# Ici et Maintenant

### LE SECRET DE LA VOIE DE L'ÉPÉE

Un jeune homme vint un jour trouver un grand maître de *kendo* (l'escrime japonaise) pour devenir son élève. Le maître accepta : « A partir d'aujourd'hui, lui dit-il, tu iras chaque jour couper du bois dans la forêt et puiser l'eau à la rivière. » Ce que fit le jeune homme, durant trois ans, au bout desquels il dit à son maître : « Je suis venu pour apprendre l'escrime, et jusqu'à maintenant je n'ai même pas franchi le seuil de votre dojo ! » « C'est bien, dit le maître, aujourd'hui tu y entres. Suis-moi. Et maintenant, fais le tour de la salle, en marchant délicatement sur la bordure du *tatami* (tapis en paille de riz), sans jamais la dépasser. » Le disciple s'appliqua à cet exercice durant un an, à l'issue duquel il entra dans une violente colère. « Je m'en vais. Je n'ai rien appris de ce que je suis venu chercher ! » « Aujourd'hui, lui répondit le maître, je te donnerai l'ultime enseignement. Viens avec moi. »

Le maître emmena son élève dans la montagne. Ils se trouvèrent bientôt devant un précipice. Un simple tronc d'arbre, lancé au-dessus du vide, faisait office de passerelle. « Eh bien, traverse », dit le maître à l'élève. Saisi de terreur et de vertige à la vision de l'abîme, le jeune homme restait paralysé. A ce moment arriva un aveugle. Sans hésiter, tâtonnant avec sa canne, il s'engagea sur la frêle passerelle, et passa tranquillement. Il n'en fallut pas plus pour que le jeune homme connaisse l'éveil, et abandonne toute peur de la mort. Il s'élança vivement au-dessus du gouffre et se retrouva sur l'autre bord. Son maître lui cria : « Tu as maîtrisé le secret de l'escrime : abandonner l'ego, ne pas craindre la mort. En fendant du bois et en portant de l'eau chaque jour, tu t'es fait une puissante musculature ; en marchant attentivement au bord du tatami, tu as acquis la précision et la délicatesse du geste. Et voici qu'aujourd'hui tu viens de comprendre le secret de la voie de l'épée. Va. Tu seras partout le plus fort. »

### QU'EST-CE QUE LE ZEN ?

Le secret du Zen consiste à s'asseoir, simplement, sans but ni esprit de profit, dans une posture de grande concentration. Cette assise désintéressée est appelée *za-zen, za* signifiant s'asseoir, et *zen* méditation, concentration. L'enseignement de la posture, qui est transmission de l'essence du Zen, a lieu dans un *dojo* (lieu de la pratique de la Voie). Il est le fait d'un maître, initié traditionnellement, dans la lignée des patriarches et du Bouddha. La pratique du za-zen est d'une grande efficacité pour la santé du corps et de l'esprit, qu'elle achemine vers leur condition normale. Le Zen ne peut être enfermé dans un concept, ni rendu par la pensée, il demande à être pratiqué ; c'est, essentiellement, une expérience. L'intelligence n'est pas sous-estimée, seulement on recherche une plus haute dimension de la conscience ne stagnant pas sur une vision unilatérale des êtres et des choses. Le sujet est dans l'objet, et le sujet contient l'objet. Il s'agit de réaliser, par la pratique, le dépassement de toutes les contradictions, de toutes les formes de pensée.

L'expression philosophique du bouddhisme Zen n'a donc rien d'un système de pensée contraignant et rigide, c'est la transmission de concepts, forgés par une expérience millénaire

## Ici et Maintenant

et toujours neuve à la fois, celle de l'éveil. Quelques formules-forces, quelques mots clefs polarisent et ordonnent le champ du vécu. Les mots se répondent, communiquent, sans altérer la continuité, l'insaisissable fluidité du réel, qu'ils aident à cerner. Ils illuminent l'existence quotidienne, prise à sa racine.

*Ici et maintenant,* notion clef ; l'important est le présent. La plupart d'entre nous avons tendance à penser anxieusement au passé ou à l'avenir, au lieu d'être complètement attentifs à nos actes, paroles et pensées du moment. Il convient d'être complètement présent dans chaque geste : se concentrer ici et maintenant, telle est la leçon du Zen. Tout aussi essentielle est la formule « s'asseoir simplement » *(shikantaza),* « gratuitement, sans but ni esprit de profit » *(mushotoku).*

Maître Dogen disait :

« Apprendre le Zen, c'est nous trouver,
nous trouver, c'est nous oublier,
nous oublier, c'est trouver la nature de Bouddha,
notre nature originelle. »

Retour à l'origine. Nous comprendre nous-mêmes, nous connaître profondément, trouver notre vrai moi. Là se trouve l'essence éternelle de toutes les religions et de toutes les philosophies, la source de la sagesse, l'eau vive qui sourd de la pratique régulière de *za-zen.* Nature de Bouddha signifie : la condition la plus normale qui puisse être, celle naturelle, originelle, de notre esprit. Plus nous nous rapprochons de cet état normal de conscience, de cet esprit pur, plus nous pouvons créer autour de nous une ambiance rayonnante, fécondante, bienfaisante. Plus nous nous en éloignons et plus nous devenons la proie du milieu.

Si nous ouvrons les mains, nous pouvons recevoir toutes choses. Si nous sommes vides, nous pouvons contenir l'univers entier. Vide est la condition de l'esprit qui ne s'attache à aucune chose. Maître Sekito, célèbre maître chinois, a écrit :

« Même si le lieu de méditation est exigu,
il renferme l'univers. Même si notre esprit est petit,

il contient l'illimité... »

Le Zen est au-delà de toutes les contradictions. Il les inclut et les dépasse. Thèse, antithèse, synthèse et au-delà. Quand les maîtres Zen répondent aux questions de leurs disciples par une énigme qui ressemble à une blague absurde, il ne s'agit pas d'une plaisanterie. Le maître s'efforce toujours d'amener l'élève à aller au-delà de la pensée. Par exemple, vous lui dites : « blanc », il répond « noir », afin que vous fassiez vous-même le pas au-delà. Il ne soutient pas une thèse, mais présente l'autre extrémité de la proposition, afin que l'interlocuteur trouve de lui-même le juste milieu. Si je dis : « Quand on meurt, toute chose meurt », ce n'est pas hors de la vérité, mais ce n'est pas toute la vérité. Nous devons aller au-delà ! A la question : « Qu'est-ce que l'essence du Bouddha ? », Houang-Po répond : « Le balai des toilettes. » Je dis parfois :

« Cette statue de Bouddha devant laquelle je m'incline n'est que du bois, elle n'est rien, elle peut brûler, cela n'a aucune importance : cependant je m'incline avec le plus profond respect par trois fois devant elle, car elle symbolise l'absolue bouddhéité, la nature divine. » Il s'agit de voir toutes les faces d'un phénomène.

Certes, les formes religieuses sont excellentes en un lieu et pour un temps donnés. Pratique de l'essence, expérience de l'origine, le Zen dépasse l'espace-temps, il peut être un pivot de l'Évolution par sa simplicité et son caractère universel. Comme un torrent printanier réveille la prairie, il provoque une révolution intérieure, une mutation de l'être. Quand on n'évolue pas, on involue. Si l'on ne crée pas, on meurt. Si ta main droite est empêchée, utilise ta main gauche. S'éveiller, créer, intuitivement : chacun de nous fait la civilisation.

Le Zen est éducation silencieuse.

« Dans le silence s'élève l'esprit immortel
et sans parler la joie vient. »

L'enseignement moderne donne la première place au discours mais souvent les mots n'expriment pas la véritable pensée ou l'attitude profonde. La parole est presque toujours incomplète. Lorsqu'elle trouve sa justesse, nous transmettons notre expérience « de mon cœur à ton cœur ».

Le Zen atteint à la plus haute sagesse, à l'amour le plus profond. La sagesse est parfois froide, elle est le père sans la mère. Épurée de tout formalisme, la religion peut donner l'esprit d'amour. La grande sagesse est fondamentalement retour à l'origine, vérité de l'univers, base de notre vie, au-delà des phénomènes. L'expérience religieuse peut redevenir la source vivifiante de l'existence humaine, qu'elle ouvre à sa plus haute dimension.

*Le thé et le Zen ne sont qu'une saveur.*

# Posture d'Éveil

La pratique de za-zen est le secret du Zen. Za-zen est difficile, je le sais. Mais, pratiqué quotidiennement, il est très efficace pour l'élargissement de la conscience et le développement de l'intuition. Za-zen ne dégage pas seulement une grande énergie, c'est une posture d'éveil. Pendant sa pratique, il ne faut pas chercher à atteindre quoi que ce soit. Sans objet, il est seulement concentration sur la posture, la respiration et l'attitude de l'esprit.

LA POSTURE. Assis au centre du *zafu* (coussin rond), on croise les jambes en lotus ou en demi-lotus. Si l'on rencontre une impossibilité, et qu'on croise simplement les jambes sans mettre un pied sur la cuisse, il convient néanmoins d'appuyer fortement sur le sol avec les genoux. Dans la position du lotus, les pieds pressent sur chaque cuisse des zones comprenant des points d'acupuncture importants correspondant aux méridiens du foie, de la vésicule et du rein. Autrefois, les samouraïs stimulaient automatiquement ces centres d'énergie par la pression de leurs cuisses sur le cheval.

Le bassin basculé en avant au niveau de la cinquième lombaire, la colonne vertébrale bien cambrée, le dos droit, on pousse la terre avec les genoux et le ciel avec la tête. Menton rentré, et par là même nuque redressée, ventre détendu, nez à la verticale du nombril, on est comme un arc tendu dont la flèche serait l'esprit.

Une fois en position, on met les poings fermés (en serrant le pouce) sur les cuisses près des genoux, et l'on balance le dos bien droit, à gauche et à droite, sept ou huit fois en réduisant peu à peu le mouvement jusqu'à trouver la verticale d'équilibre. Alors on salue *(gassho)*, c'est-à-dire que l'on joint les mains devant soi, paume contre paume, à hauteur d'épaule, les bras pliés restant bien horizontaux.

Il ne reste plus qu'à poser la main gauche dans la main droite, paumes vers le ciel, contre l'abdomen ; les pouces en contact par leur extrémité, maintenus horizontaux par une légère tension, ne dessinent ni montagne ni vallée. Les épaules tombent naturellement, comme effacées et rejetées en arrière. La pointe de la langue touche le palais. Le regard se pose de lui-même à environ un mètre de distance. Il est en fait porté vers l'intérieur. Les yeux, mi-clos, ne regardent rien — même si, intuitivement, on voit tout !

LA RESPIRATION joue un rôle primordial. L'être vivant respire. Au commencement est le souffle. La respiration Zen n'est comparable à aucune autre. Elle vise avant tout à établir un rythme lent, puissant et naturel. Si l'on est concentré sur une expiration douce, longue et profonde, l'attention rassemblée sur la posture, l'inspiration viendra naturellement. L'air est rejeté lentement et silencieusement, tandis que la poussée due à l'expiration descend puissamment dans le ventre. On « pousse sur les intestins », provoquant ainsi un salutaire massage des organes internes. Les maîtres comparent le souffle Zen au mugissement de la vache ou à l'expiration du bébé qui crie aussitôt né. Ce souffle c'est le « *om* », la semence, c'est le *pneuma*, source de la vie.

L'ATTITUDE DE L'ESPRIT. La respiration juste ne peut surgir que d'une posture correcte. De même, l'attitude de l'esprit découle naturellement d'une profonde concentration sur la posture physique et la respiration. Qui a du souffle vit longtemps, intensément, paisiblement. L'exercice du souffle juste permet de neutraliser les chocs nerveux, de maîtriser instincts et passions, de contrôler l'activité mentale.

## Posture d'Éveil

La circulation cérébrale est notablement améliorée. Le cortex se repose, et le flux conscient des pensées est arrêté, tandis que le sang afflue vers les couches profondes. Mieux irriguées, elles s'éveillent d'un demi-sommeil, et leur activité donne une impression de bien-être, de sérénité, de calme, proche du sommeil profond, mais en plein éveil. Le système nerveux est détendu, le cerveau « primitif » en pleine activité. On est réceptif, attentif, au plus haut point, à travers chacune des cellules du corps. On pense avec le corps, inconsciemment, toute dualité, toute contradiction dépassées, sans user d'énergie. Les peuples dits primitifs ont conservé un cerveau profond très actif. En développant notre type de civilisation, nous avons éduqué, affiné, complexifié l'intellect, et perdu la force, l'intuition, la sagesse liées au noyau interne du cerveau. C'est bien pourquoi le Zen est un trésor inestimable pour l'homme d'aujourd'hui, celui, du moins, qui a des yeux pour voir et des oreilles pour entendre. Par la pratique régulière de za-zen, chance lui est donnée de devenir un homme nouveau en retournant à l'origine de la vie. Il peut accéder à la condition normale du corps et de l'esprit (qui sont un) en saisissant l'existence à sa racine.

Assis en za-zen, on laisse les images, les pensées, les formations mentales, surgissant de l'inconscient, passer comme nuages dans le ciel — sans s'y opposer, sans s'y accrocher. Comme des ombres devant un miroir, les émanations du subconscient passent, repassent et s'évanouissent. Et l'on arrive à l'inconscient profond, sans pensée, au-delà de toute pensée *(hishiryo)*, vraie pureté. Le Zen est très simple, et en même temps bien difficile à comprendre. C'est affaire d'effort et de répétition — comme la vie. Assis sans affaires, sans but ni esprit de profit, si votre posture, votre respiration et l'attitude de votre esprit sont en harmonie, vous comprenez le vrai Zen, vous saisissez la *nature de Bouddha*.

## LA FORME ET LA FORCE : SHI-SEI

La posture, en japonais, se traduit par : *Shi-sei*. En fait, il s'agit plutôt d'un alliage de japonais et de chinois ancien qui désigne *shi* : la forme, et *sei* : la force. La forme désigne la posture qui doit être aussi belle que possible. Mais la posture de za-zen n'est pas seulement forme, elle doit toujours être unie à l'élément *sei*, c'est-à-dire à la puissance, à l'activité. Bien sûr, la forme est importante, il faut qu'elle soit juste, mais si elle n'a pas de force, d'énergie, elle est incomplète. L'unité des deux éléments constitue la posture. Une autre façon de la désigner est *ikioï*, de *iki* : respiration, et *oï* : vie, élan vital.

Lorsque je vous observe, je remarque que certains ont une activité forte, d'autres non. A quels signes le voit-on ?
— Le menton est bien rentré. Si l'activité décroît, le menton se relève ou s'affaisse. Si l'on pense trop, la tête tombe.
— Les mains sont fermement en contact. Lorsqu'on est fatigué, inattentif, mal concentré, elles n'ont pas de fermeté.
— Le dos est bien droit, et le bassin basculé.
— La nuque est tendue, formant une ligne droite, ni courbe ni brisée.

Il y a beaucoup de filets nerveux qui passent dans la nuque et si la circulation est activée, le cerveau se trouve bien mieux irrigué.

La forme et la force sont étroitement interdépendantes. Il ne s'agit pas d'un formalisme périmé, mais de la pratique d'une posture parfaite qui a été étudiée et approfondie par la lignée de tous les Maîtres.

*
* *

En Chine, dans un temple Zen, le Maître dit un jour à ses disciples pendant la pratique de za-zen :

*Posture d'Éveil* 35

« Que faites-vous ?
— Nous ne faisons rien.
— Non, vous faites sans faire. »

L'ESSENCE DE LA MARCHE : KIN-HIN

Dans le *dojo* sont enseignées les quatre attitudes fondamentales du corps : comment se tenir debout, comment marcher, comment s'asseoir, comment s'allonger. Ce sont les postures originelles. Celles que nous prenons habituellement, les attitudes auxquelles nous nous laissons aller, ne sont dans la plupart des cas que des postures brisées.

La posture debout, et en marche, est très importante. On la désigne par *kin-hin*. Maurice Béjart a reconnu en elle l'origine des pas et des postures de danse enseignés dans le ballet classique européen.

La posture est la suivante :

On se tient debout, la colonne vertébrale bien droite, le menton rentré, la nuque tendue, le regard posé à trois mètres devant soi, c'est-à-dire à peu près à la hauteur de la taille de la personne qui précède lorsqu'on est en file indienne. Le pouce gauche est serré dans le poing gauche, lequel est posé par la tranche sur le plexus solaire. La main droite enveloppe le poing gauche et les deux mains sont fortement serrées ensemble et appuyées contre le sternum pendant l'expiration. Les coudes sont écartés, et les avant-bras tenus à l'horizontale ; les épaules relâchées et rejetées en arrière. Au début de l'expiration, on avance avec la jambe droite d'un demi-pied, et l'on appuie énergiquement sur le sol avec la plante du pied précisément avec la racine du gros orteil, comme si l'on voulait imprimer une trace dans le sol. Il y a une profonde correspondance entre cette extrémité du pied et le cerveau. Il est bon de ressentir le contact avec la terre. Le genou étant bien tendu, la jambe est alors en tension ainsi que tout le côté droit depuis le

*La neige amoncelée sur le plateau d'argent.*

sommet de la tête jusqu'au bout du pied. L'autre jambe l'autre côté restent souples, détendus. En même temps, l'expiration par le nez est profonde, lente, aussi longue que possible, mais sans forcer et sans bruit. Quand elle arrive à la fin, on marque un temps d'arrêt, on relâche tout le corps et l'inspiration se fait d'elle-même, automatiquement, librement. Au début de l'expiration suivante, on change de jambe, et tout le processus recommence en prenant appui sur le pied gauche, la jambe droite restant souple.

C'est une marche rythmée, comme celle d'un canard, faisant alterner tension et détente, temps forts et temps faibles. Les maîtres Zen disent qu'il s'agit d'avancer comme le tigre dans la forêt ou le dragon dans la mer. L'appui du pied est sûr et silencieux, comme le pas d'un voleur !

Pendant cette marche, on ne doit pas regarder le visage des autres personnes. Le regard est tourné vers l'intérieur comme si l'on était seul avec soi-même. Comme pendant le za-zen, on laisse passer les pensées. La marche en *kin-hin* repose de l'assise en za-zen. Au long d'une journée de *sesshin*, on fait alterner l'une et l'autre. Le corps et l'esprit retrouvent leur unité, ainsi qu'une résistance et un dynamisme remarquables.

*Kin-hin* est, comme za-zen, une méthode de profonde concentration. L'énergie, poussée par l'expiration, est rassemblée dans le bas-ventre où elle est vraiment active. Entraînement à la stabilité de l'énergie : les arts martiaux du Japon sont fondés sur cette tenue des jambes et sur la concentration de l'énergie dans le *hara* (1). Cette posture est enseignée dans la pratique du judo, du karaté, de l'aïkido, du tir à l'arc.

De nos jours, on tend à oublier cette influence de l'attitude spirituelle dans la pratique des arts martiaux. On recherche la force par la seule technique. *Do,* dans judo, aïkido, signifie Voie. Les arts martiaux ne sont ni une technique de compétition ni un sport de combat, mais une méthode en vue d'atteindre la maîtrise de soi, le contrôle de l'énergie dans

---

(1) Centre de gravité du corps, situé à quelques centimètres en dessous du nombril (en fait, trois largeurs de vos doigts).

l'abandon de l'*ego* (1) et la communion avec l'ordre de l'univers. Entraînement de la conscience : on ne tire pas la flèche, la flèche part à l'instant précis où, inconsciemment, on est prêt, dépouillé de soi.

### S'ASSEOIR EN SILENCE

Le vrai Zen se pratique sans motivation, sans but, sans même rechercher l'éveil *(satori)* : je mets l'accent sur l'essence du Zen, sur za-zen. Le chant des *Sutras* (2), les cérémonies dans les temples sont de fort belles choses, mais là n'est pas l'essentiel. Nul besoin d'aller au Japon pour trouver l'authentique enseignement du Zen. Le vrai Zen est ici et maintenant, dans notre corps et notre esprit. Si posture et respiration sont justes, l'esprit retrouve sa condition naturelle. Dans le chant des *Sutras,* la voix provient du bas-ventre, et non de la gorge comme dans le chant occidental. Retrouver l'accord du souffle avec l'instant présent : tout devient juste. « Il n'est pas possible de revenir en arrière le temps d'une respiration. On ne peut la répéter quand elle est achevée. C'est pourquoi vous devez prendre soin de bien la faire », disait Dogen. Il n'y a rien à obtenir. Rien à devenir. Ne pas chercher la vérité, ne pas fuir l'illusion. Simplement, être présents, ici et maintenant, dans notre esprit et notre corps.

Alors apparaît la conscience profonde et pure, universelle et illimitée.

---

(1) Le moi personnel et possessif, producteur d'illusions.
(2) Textes sacrés du bouddhisme. En fin de za-zen, on chante, en récitation rythmée par des gongs en métal et en bois, le *Hannya Shingyo,* ou *Sutra de la Sagesse Suprême.* Traduction et commentaires par T. Deshimazu, Éd. Retz.

*Posture d'Éveil*

### L'ESPRIT DU GESTE : ZANSHIN

Voilà un terme que l'on retrouve souvent dans la pratique de l'escrime japonaise *(kendo)*. *Zanshin* est l'esprit qui demeure, sans s'attacher, l'esprit qui reste vigilant. On prend soin de l'action et l'on reste attentif à ce qui peut survenir ensuite. Il y a, par exemple, une manière *zanshin* de fermer une porte, de poser un objet, de prendre un repas ou de conduire une voiture, et même de rester immobile. On pose les objets avec précaution, on suspend son mouvement une fraction de seconde avant de fermer une porte afin de ne pas la claquer. C'est ainsi que j'insiste sur le salut des deux mains en *gassho* : avant et après la méditation de za-zen, ou bien si l'on veut bouger, changer de jambe pendant le za-zen, il faut saluer ainsi. Ce salut maintient la concentration de l'énergie, et marque le respect à l'égard des autres.

On retrouve cette éducation dans l'art des bouquets *(Ikebana)*, la cérémonie du thé, la calligraphie. Il est difficile d'être à ce que l'on fait, il l'est plus encore de rester attentif à ce que l'on peut être appelé à faire instantanément. Originellement, le mot *zanshin* provient de l'art du combat au sabre et signifie : « prêter attention à l'adversaire ».

*Zanshin* s'applique à tout acte de la vie. La beauté naturelle du corps est le reflet de l'entraînement de l'esprit à la concentration dans les gestes. Le travail manuel *(samu)*, qu'il s'agisse d'entretien ménager ou d'agriculture, d'art ou d'artisanat, ne conditionne pas seulement la santé du corps et l'habileté des doigts, mais aussi l'agilité du cerveau. Par l'exercice, les gestes deviennent aisés et contrôlés, et le corps trouve sa beauté. L'action naturelle est inconsciente et parfaitement belle.

*\*\**

Il y a une profonde relation entre les doigts et le cerveau. Les Anciens connaissaient cette relation. Ils y portaient grande attention. Anaxagore de Clazomène, dont Platon fut le disciple, a écrit : « L'homme pense parce qu'il a une main. » Nous devons savoir penser avec nos doigts.

### DU SILENCE S'ÉLÈVE L'ESPRIT IMMORTEL

La vie actuelle est bruyante, cacophonique. Le Yoga et le Zen, avec des méthodes différentes, sont des voies de retour au silence. Le silence est notre nature profonde. Silencieuse, la conscience éternelle continue, en deçà de notre naissance, au-delà de notre mort. Être silencieux : revenir à l'origine de la nature humaine. Faire appel au silence : à partir du silence, parler. La parole devient profonde, le mot juste.

Lorsqu'il arriva en Chine, Bodhidharma rencontra l'empereur. Celui-ci lui dit : « J'ai fait élever quantité de temples, j'ai rassemblé des foules de moines, j'ai fait traduire de nombreux *sutras*. Sûrement, j'ai acquis beaucoup de mérites ! » Bodhidharma répondit : « Aucun mérite. » L'empereur reprit : « Quelle est l'essence du bouddhisme ?

— Rien.
— Qui peut faire comme moi ?
— Je ne sais pas. »

L'empereur en resta bouche bée. Les sages n'ont jamais beaucoup parlé. Du silence s'élève l'esprit immortel.

### DEVENIR L'ARBRE, LA MONTAGNE, LA NATURE

La parole ou l'écrit ne peuvent, en définitive, exprimer l'ultime vérité. Aucune conférence, aucune lecture ne peuvent faire comprendre l'essence du Zen. Le Zen est tout entier dans l'expérience. Il ne se limite pas à une vision dualiste des

*On ne peut saisir l'esprit.*

choses. Si nous regardons une montagne, par exemple, nous pouvons, bien sûr, la considérer sous un angle objectif, l'analyser scientifiquement, la faire entrer dans les catégories du discours. Mais dans le Zen, on devient la montagne. Ou bien l'on s'identifie à la fleur que l'on cueille et que l'on place dans un récipient rempli d'eau, pour la maintenir en vie. Devenir la montagne, la fleur, l'eau, le nuage...

Au Japon on appelle souvent le moine Zen « nuage et eau vive » *(Unsui)*. Le moine ne demeure nulle part, il va, libre comme l'eau, comme l'air. De même, en za-zen, on laisse passer les perceptions, les émotions, les formations mentales comme les nuages dans le ciel ou l'eau de la rivière.

Le Zen n'est pas seulement le bouddhisme, et l'essence du Zen n'est pas le Zen. Il nous faut tout abandonner, même le bouddhisme, même le Zen, et nous concentrer ici et maintenant sur une seule chose : za-zen. Une pratique régulière de za-zen nous restitue aux conditions originelles de l'existence. Il y a un siècle vivait au Japon un Maître qui s'appelait Kihan (nuage universel). « Faites za-zen, disait-il, ici et maintenant. Si vous pratiquez continûment vous devenez vrai Bouddha. » Votre visage s'illumine, vous avez le sentiment d'être libre, l'esprit paisible. Tout oublier, tout abandonner, sans but, s'asseoir en silence.

## LA NON-PEUR DE LA MORT

Un moine se rendait en ville, porteur d'un pli important à remettre en mains propres à son destinataire. Il arriva aux abords de la ville et, pour y pénétrer, dut traverser un pont. Sur le pont se tenait un samouraï expert dans l'art du sabre et qui, pour prouver sa force et son invincibilité, avait fait le vœu de provoquer en duel les cent premiers hommes qui traverseraient le pont. Il en avait déjà tué quatre-vingt-dix-neuf. Le petit moine était le centième. Le samouraï lui lança donc un

## Posture d'Éveil

défi. Le moine le supplia de le laisser passer, car le pli qu'il portait était d'une grande importance.

« Je vous promets de revenir me battre avec vous une fois ma mission accomplie. » Le samouraï accepta, et le jeune moine alla porter sa lettre.

Avant de retourner sur le pont, il se rendit chez son Maître pour lui faire ses adieux, certain qu'il était perdu.

« Je dois aller me battre avec un grand samouraï, lui dit-il, c'est un champion de sabre et moi je n'ai jamais touché une arme de ma vie. Je vais être tué...

— En effet, lui répondit son Maître, tu vas mourir car il n'y a pour toi aucune chance de victoire, tu n'as donc plus besoin d'avoir peur de la mort. Mais je vais t'enseigner la meilleure façon de mourir : tu brandiras ton sabre au-dessus de la tête, les yeux fermés, et tu attendras. Lorsque tu sentiras un froid sur le sommet de ton crâne, ce sera la mort. A ce moment seulement tu abattras les bras. C'est tout... »

Le petit moine salua son Maître et se dirigea vers le pont où l'attendait le samouraï. Ce dernier le remercia d'avoir tenu parole et le pria de se mettre en garde. Le duel commença. Tenant son sabre à deux mains, il le leva au-dessus de sa tête, et attendit sans bouger. Cette attitude surprit le samouraï, car la posture qu'avait prise son adversaire ne reflétait ni la peur ni la crainte. Méfiant, il avança prudemment. Impassible, le petit moine était concentré uniquement sur le sommet de son crâne. Le samouraï se dit : « Cet homme est sûrement très fort, il a eu le courage de revenir se battre avec moi, ce n'est certainement pas un amateur. » Le moine, toujours absorbé, ne prêtait aucune attention aux mouvements de va-et-vient de son adversaire. Ce dernier commença à avoir peur : « C'est sans aucun doute un très grand guerrier, pensa-t-il, seuls les Maîtres de sabre prennent dès le début d'un combat une position d'attaque. Et en plus, lui, il ferme les yeux. » Et le jeune moine attendait toujours le moment où il ressentirait ce fameux froid au sommet de sa tête.

Pendant ce temps, le samouraï était complètement désemparé, il n'osait plus attaquer, certain d'être coupé en deux au moindre geste de sa part. De son côté le moine avait complètement oublié le samouraï, attentif uniquement à bien appliquer le conseils de son Maître, à mourir dignement. Ce furent les cris et les pleurs du samouraï qui le ramenèrent à la réalité :

« Ne me tuez pas, ayez pitié de moi, je croyais être le roi du sabre, mais je n'avais jamais rencontré un Maître tel que vous.

« S'il vous plaît, s'il vous plaît, acceptez-moi comme disciple, enseignez-moi la Voie du sabre... »

## L'ÉVEIL : SATORI

Nous sommes toujours tentés de considérer d'un côté les illusions et de l'autre l'éveil *(satori)*. Or, qu'est-ce que le *satori* ? Ce n'est pas un état particulier, c'est le retour de l'être à sa condition normale, originelle, jusque dans chacune des cellules de son corps. Le *satori* se dérobe à toute catégorisation, à toute conceptualisation, le langage ne peut en rendre compte. On ne peut apprendre, ou recevoir, le *satori* de quelqu'un d'autre. Il faut en faire l'expérience soi-même. Le maître ne peut qu'aider. Le vrai *satori* est vacuité *(ku)*. Il inclut toutes choses, y compris les illusions. Ainsi dans le *Sutra Hannya Shingyo* est-il dit : la forme n'est pas différente du vide, et le vide n'est autre que la forme. *Ku*, le vide, renferme tous les phénomènes. La pratique de za-zen est en elle-même *satori* : nous ne vivons pas par nous-mêmes, nous sommes vécus par le système cosmique.

Un bûcheron coupait du bois dans la forêt. Il avait entendu parler d'un animal fabuleux, l'animal satori. Grande était son envie de le posséder. Un jour, l'animal satori vint le visiter. Le bûcheron courut après, et quelle ne fut pas sa surprise d'entendre une voix lui dire : « Tu ne m'auras pas parce que tu veux m'avoir. » Le bûcheron retourna à son bûcheronnage. Il avait complètement oublié l'animal. Il ne pensait plus à rien, sinon à ses bûches. L'animal satori vint à lui, et fut écrasé par l'arbre qu'il abattit.

*L'amour ne périt jamais.*

## L'ŒIL DE LA SAGESSE

Au crépuscule, le coq annonce l'aurore.
A minuit, le soleil brille.
Le soleil donne la lumière
du fait de l'existence des yeux.
Et les yeux voient la lumière
du fait du soleil.

\*

La pratique continue de za-zen confère ce regard
clair et dessillé dans lequel le maître peut
lancer le *koan* (1) comme on lance
un caillou dans l'étang.

\*

L'éveil, c'est connaître
ce que la réalité n'est pas.
Illusion.
Éclair de conscience intuitive,
nirvana.

\*

Au-delà de la conception intellectuelle,
clarté du mental,
détachée de l'émotion et de la passion,
certitude intérieure.

\*

(1) Une question en forme d'énigme. Par exemple : « Quel était ton visage avant la naissance de tes parents ? »

Le chemin qui mène à l'aller est long.
Vraie lumière non illuminée.
Savoir voir la lumière dans
l'obscurité, l'obscurité dans la lumière.
Retour à la sagesse, à la vraie liberté intérieure,
condition normale et originelle de l'esprit.
Bouddha connaît tous les êtres, toutes les choses,
tels qu'ils sont.

*

Notre vie est toute profondeur.
Éveil.
Illumination, satori inconscient.
Découverte de l'unité de toutes choses.
Za-zen / satori : unité.
Esprit de liberté et vérité du satori,
l'esprit devient de plus en plus clair.

*

Métamorphose et révolution du corps et de l'esprit.
Lorsqu'on médite même les arbres et la terre
qui reçoivent cette influence
rayonnent d'une grande lumière.
L'esprit influence les arbres, les piliers et les murs.
Za-zen relié à toutes les existences est en harmonie
avec l'éternité et l'univers entier.
Résonance après le coup de gong...

# Mondo

*MON* = questions
*DO*   = réponses

Dans le *Soto Zen* le maître ne dispense pas seulement son enseignement par des conférences. Il procède régulièrement à un échange de questions et de réponses avec ses disciples. L'ambiance d'un *mondo* est à la fois d'enjouement et de profondeur, de liberté et de gravité. La réponse du maître au questionneur va toujours plus loin que la raison de la question et prend parfois une forme énigmatique et déroutante au premier abord.

### EN POSTURE DE ZA-ZEN...

Q. — *Pourquoi utilise-t-on un coussin pour s'asseoir en zazen?*
R. — Un coussin, ou *zafu,* est indispensable pour permettre au bassin de basculer doucement vers l'avant sans l'intervention des muscles lombaires, et aux genoux de bien appuyer sur le sol. Ces trois points (genoux et coccyx) constituent le triangle de base solide qui assure la stabilité de la posture. Le *zafu* doit être épais, ni trop ni trop peu, il convient de le

rembourrer périodiquement. A chacun de l'adapter à son aise, à sa stature, à son poids, et d'en prendre grand soin. Le kapok (1) est la meilleure matière pour remplir le *zafu,* la chaleur qu'il dégage permet une meilleure concentration de tout le corps.

Q. — *Pourquoi a-t-on mal aux genoux?*
R. — C'est vous qui avez mal, pas quelqu'un d'autre. Vous souffrez avec votre tête : il faut comprendre la part du mental dans la douleur. Cela dit, lorsque l'on commence à pratiquer za-zen, le corps n'a pas l'habitude de la posture, il reste habitué au confort de la vie moderne. Il faut bien pourtant revenir à l'assise primitive. Plus tard, elle devient naturelle, et l'on n'a plus ces douleurs de débutant.

Q. — *Quelle est l'importance de la présence d'autres personnes pendant la pratique de za-zen?*
R. — Les autres ne sont pas importants, vous êtes seul avec vous-même. Mais vous ne devez pas les déranger.

Q. — *Il n'est donc pas important d'être avec les autres?*
R. — Je ne puis vous suivre chez vous. J'ai besoin de chacun d'entre vous. Vous ne considérez que votre éducation personnelle, mais moi je considère celle de chacun d'entre vous. Vous ne pouvez pas uniquement pratiquer za-zen en solitaire dans votre maison. Votre question touche un point important. Ce qui compte au *dojo* c'est l'atmosphère produite par l'interdépendance entre tous les pratiquants. Tous s'influencent mutuellement de façon inconsciente. Vous et moi seuls, ou nous tous ensemble, cela donne deux atmosphères très différentes. Le feu n'est pas le même dans la cheminée suivant que brûle une seule bûche ou plusieurs. Mais il n'est

---

(1) Duvet végétal, imputrescible et très léger, constitué par les poils longs et soyeux qui recouvrent les graines du kapokier, ou fromager, très grand arbre de Java, à bois blanc et tendre, de la famille des malvacées. On l'emploie couramment pour bourrer les coussins.

surtout pas nécessaire de penser consciemment : je dois donner, je veux recevoir cette influence. Vous la recevez, vous la donnez de façon inconsciente, naturelle.

*Q. — Lorsqu'on pratique za-zen seul, vers quelle direction est-il meilleur de se tourner ? Est, ouest, nord ou sud ?*
R. — Toutes les directions sont bonnes. Être calme, cela suffit. Face à un mur si possible. Ou bien en pleine nature, assis sous un arbre, mais on est plus sollicité par l'extérieur, on court plus le risque de se disperser. Avec l'habitude, dans cinq ou dix ans, vous ferez za-zen n'importe où.

*Q. — Il est difficile d'avoir le regard fixé à un mètre. En quoi est-ce important pour la posture ?*
R. — Il faut que ce soit naturel que le regard soit posé et non fixé. Lorsque l'on pose naturellement le regard à un mètre environ devant soi, on peut « voir » tout autour de soi, et même derrière soi. Il faut se concentrer en soi-même. Dans l'escrime japonaise, si le regard se laisse distraire, on se fait évincer. La position des yeux est très importante et très délicate.

*Q. — Je me concentre mieux les yeux fermés. Est-ce nécessaire de les garder ouverts ?*
R. — Voilà une bonne question. Je l'étudie depuis que je suis en Europe. Les Orientaux et les Occidentaux sont un peu différents, bien que les conditions de la vie moderne tendent à aplanir les différences. A la limite, l'Oriental aurait tendance à être trop calme, et donc à s'endormir en za-zen. Tandis que l'Occidental est plutôt agité, nerveux et a tendance à penser en za-zen. Au Japon, dans les temples, on répète toujours aux moines, au besoin avec l'assistance du bâton : *vous ne devez pas fermer les yeux*. Ici, en Europe, je comprends qu'il soit parfois nécessaire de fermer les yeux pendant le za-zen. Le soir, dans le *dojo,* il m'arrive de faire éteindre la lumière et de diriger le za-zen à la lueur de deux bougies. Si vous avez du mal à vous concentrer en za-zen, prêtez attention à ce que

vous mangez et buvez juste avant. Une tasse de thé vert n'a pas le même effet sur l'organisme qu'une tasse de café...

*Q. — Pourquoi joint-on les mains pour saluer ?*
R. — La posture des mains est très importante. On ne peut pas dissocier l'attitude des mains et celle de l'esprit. La posture de *gassho* exprime l'unité : petit moi et grand moi, individu et divinité, ego et nature de Bouddha, être et cosmos. De plus, c'est une attitude de concentration.

*Q. — Pourquoi tellement se concentrer sur l'expiration ?*
R. — Absorption et rejet sont toujours en équilibre. Mais les conditions de la civilisation moderne détruisent les composantes de cet équilibre : on veut toujours avoir des objets, avoir du pouvoir, avoir autrui... on ne pense guère en termes d'être. De même, lorsqu'on est malade, faible, triste ou concentré sur son petit moi, on porte l'accent sur l'inspiration, et cela affaiblit encore l'organisme. C'est en pratiquant l'opposé que l'on peut recevoir la véritable énergie. Si l'expiration est juste, l'inspiration se fait automatiquement, inconsciemment. Cette méthode de respiration est la clef de la santé et le secret de la longévité.

*Q. — Qu'en est-il de l'inspiration ?*
R. — Elle doit venir automatiquement à la fin de l'expiration. Avec un peu d'habitude, cela devient facile à pratiquer. Regardez la vache meugler, elle meugle lorsqu'elle expire, pour dissiper sa fatigue, elle concentre toute sa forme sur l'expiration. La respiration Zen est appelée en japonais « pratique du meuh ». Ordinairement, on n'insiste que sur l'inspiration, et pourtant cela affaiblit le corps. Si l'on observe un moribond, une personne triste ou même enrhumée, on constate que son inspiration est très longue. Si au contraire elle est active, heureuse, l'expiration domine. Cette méthode est enseignée dans les arts martiaux traditionnels.

*Planter le pin : éducation des disciples.*

*Q. — Quand j'ai fait za-zen, j'ai envie d'être seul. Tout le monde m'agace.*

R. — Pourquoi avez-vous envie d'être seul ? Ce n'est pas le vrai Zen. Za-zen n'est pas la cause de votre humeur. Votre *karma* (1) revient à la surface. Si vous comprenez pourquoi votre ego devient fort après za-zen, il reviendra à des conditions normales. Par za-zen, vous vous reflétez vous-même. L'animal ne peut pas se refléter lui-même, il n'a qu'une conscience. L'homme, lui, est conscient de sa conscience. Le mythe grec de Narcisse illustre cette dualité. On sait que, finalement, pour se saisir de l'objet de sa passion, Narcisse plongea dans le lac et s'y noya. La conscience du miroir n'est pas seulement le piège de Narcisse, ce peut être aussi le moyen de se connaître soi-même par l'activité réfléchissante de l'esprit. Penser : je ne suis pas parfait, c'est le commencement de la méditation. Alors que la civilisation actuelle a tendance à faire involuer l'homme, la méditation, la concentration sur soi-même sont la source de la conscience religieuse, la plus haute dimension de l'humanité et le moteur de son évolution. Lorsque quelqu'un pratique la méditation zen profondément, le subconscient s'épuise et la supra-conscience se manifeste, au-delà de la pensée (*hishiryo*).

*Q. — Y a-t-il un moment ou, enfin, en za-zen, on arrive à stopper les pensées ?*

R. — Cela se fait automatiquement, sans que l'on puisse s'en rendre compte. Il ne faut pas vouloir stopper les pensées, car c'est aussi penser. Concentrez-vous sur votre posture, sur la position des doigts, du menton, de la colonne vertébrale, et sur la respiration. Si vous êtes parfaitement concentré là-dessus, vous oubliez le reste, et toutes vos pensées. Lorsque la posture est juste, la tension musculaire correcte, le subconscient remonte à la surface. Il ne faut pas essayer de le stopper :

---

(1) Enchaînement des causes et des effets, l'acte et ses conséquences. Actions, paroles et pensées, êtres et choses sont étroitement interdépendants.

vous pouvez comprendre profondément ce que vous êtes et ce qu'est votre vie, vous pouvez vous regarder comme dans un miroir. Mais ne pensez pas consciemment, n'entretenez pas une pensée, ne « ruminez » rien. Laissez faire l'inconscient ; c'est la véritable méditation. Revenez sans cesse sur votre expiration : pendant que vous expirez lentement et puissamment, la pensée consciente s'arrête d'elle-même et l'inconscient peut ainsi s'éveiller. Vous vous harmonisez avec ce qui vous entoure, avec l'univers entier. En abandonnant toute chose, vous créez votre véritable vie.

*Q. — Peut-on parler de progrès dans le Zen ?*
R. — Oui. Chaque jour, si vous pratiquez, votre esprit change. Mais qu'est-ce que le progrès ? Est-ce viser le sommet, le *satori* ? Se dire : « Je me donne un an, dix ans pour l'obtenir ? » Le Zen n'est pas ainsi. Si vous êtes vraiment sans but et sans objet, vous êtes unis à votre nature profonde, pure, sans dualité. Il est très difficile d'abandonner tout objet, tout profit. Ceux qui vous voient diront peut-être : il est fou. Abandonner ses désirs, ce n'est pas un but humain... Vous devez trouver votre posture à vous. Connaître vos points défectueux, vos points favorables. Trouver votre posture originelle, la plus belle. Votre visage devient paisible, et vous atteignez votre originalité personnelle.

*Q. — Qu'en est-il des infirmes et des grands malades ?*
R. — Si l'on ne peut s'asseoir sur un coussin, il est possible de faire za-zen assis sur une chaise, jambes parallèles, pieds légèrement croisés, dos droit non appuyé au dossier. Si cela même est impossible, que l'on s'entraîne à l'expiration profonde, accordée avec les rythmes de l'univers. En tout état de cause, l'attitude de l'esprit est ce qu'il y a de plus important, et elle consiste en l'abandon de l'ego.

*Q. — Peut-on faire pratiquer za-zen aux jeunes enfants ?*
R. — Bien sûr ! Certes, mon maître disait : « Mieux vaut leur donner une galette... » Il ne faut pas leur imposer cette

discipline, mais si vous pratiquez za-zen profondément, un petit enfant peut venir s'asseoir à côté de vous, lui aussi calme, paisible et sans affaires. S'il reste ainsi, immobile, et concentré, cinq ou dix minutes, c'est bien!

### ZEN ET VIE QUOTIDIENNE

*Q. — Pouvez-vous nous expliquer ce que signifie le Zen dans la vie quotidienne, concrètement?*

R. — Se concentrer sur ce qu'on fait ici et maintenant, être pleinement attentif à l'action présente. Maître Dogen a laissé un grand livre, le *Shobogenzo*, comportant des chapitres qui sont une méthode de la vie quotidienne. Un chapitre entier est consacré à la façon de se laver : Dogen insiste sur le fait que l'on doit utiliser l'eau avec économie, et il analyse en détail l'action de se brosser les dents. Ce texte écrit il y a 800 ans n'a pas vieilli. Toujours, être à ce que l'on fait, tel est, inchangé, l'esprit du Zen. Dans les temples japonais, lorsqu'il va prendre un bain, le moine zen salue la statue de Bouddha, puis l'eau du bain. De même, lorsqu'il va aux toilettes, il fait *sampaï* (1) devant le Bouddha, et enlève son *kesa* (2) et sa robe noire. Vous n'êtes pas moines, vous n'avez pas à en faire autant. Mais vous devez vous concentrer sur chaque action quotidienne. L'acte de préparer la nourriture et de la manger est

---

(1) Triple prosternation, devant le Bouddha ou devant le Maître, front contre terre, les paumes des mains dirigées vers le ciel de chaque côté de la tête.
(2) L'habit du moine, fait de morceaux de chiffons inutilisés, lavés, teints et cousus ensemble. L'agencement des coutures évoque une rizière. A l'origine, le Bouddha se rendit au bord du Gange, où l'on brûlait les morts, il prit des morceaux de linceul, les lava, les teignit avec de la terre ocre (*kasaya* en sanscrit signifie ocre) et les assembla. Le *kesa* est le symbole de la transmission de maître à disciple, le vêtement du Bouddha, l'esprit du Zen.

aussi important que celui de se laver. Quand vous mangez, ne parlez pas, ne regardez pas la télévision, ne lisez pas le journal. Surtout, évitez de poser des questions. C'est précisément ce que tout le monde fait aujourd'hui ! Les gens qui parlent en mangeant ne sont pas concentrés. D'ailleurs les gens qui parlent beaucoup ne sont pas réellement sages. De même, quand vous marchez, vous n'avez bien sûr pas besoin de faire *kin-hin,* marchez plus vite, mais concentré quand même. Et, quand vous êtes au volant, faites attention, ne parlez pas trop avec la passagère, ne l'embrassez pas en conduisant... Le Zen, c'est se concentrer sur chaque instant de la vie quotidienne. La vie moderne rend les choses bien difficiles, même si l'on fait preuve de volonté. Personne ne le niera. Nos contemporains, qui sont intelligents, comprennent la situation, mais, parce qu'ils sont eux-mêmes dispersés, ils n'apprennent pas aux enfants à se concentrer, ni à développer leur intuition et leur sagesse.

Les parents n'éduquent pas le corps de leurs enfants : ils les conduisent à l'école en voiture, les font vivre dans un air trop chauffé ou trop climatisé, leur donnent une nourriture trop douce... Pour couper une carotte, il faut être concentré, et pour la cuire aussi. Si tous les jours les enfants apprennent à bien ranger leurs chaussures, cet acte les concentrera. A la façon dont les gens rangent leurs chaussures dans l'antichambre du *dojo,* je devine leur état de conscience.

Dans les temples Zen, tout ce qui est coupé est utilisé. On ne jette jamais rien. Si, passant dans la cuisine, le maître découvre un grain de riz oublié, le cuisinier se fait vivement réprimander. Pendant la vaisselle, on recueille à l'aide d'un filtre tout ce qui reste, épluchures, trognons de carottes, fanes de radis etc., et on fait frire le tout dans l'huile. C'est une cuisine très raffinée. Certains restaurants au Japon ne servent que cela : c'est devenu à la mode !

*Q. — Quelle est l'importance de l'expression « ici et maintenant »?*

R. — C'est une profonde philosophie. Ici et maintenant

signifie être entièrement à ce que l'on fait, et non pas penser au passé et au futur en oubliant le moment présent. Si vous n'êtes pas heureux ici et maintenant, vous ne le serez jamais.

**Q.** — *Pourtant, quelquefois il faut bien penser aux engagements qu'on a pris ou dresser des plans pour le futur?*
**R.** — Quand on doit penser, on pense. On pense ici et maintenant, on dresse des plans ici et maintenant, on se souvient ici et maintenant. Quand j'écris ma biographie, je pense au passé. Quand je dois faire des projets, je pense au futur. La succession des « ici et maintenant » devient cosmique et s'étend à l'infini.

**Q.** — *Les autres religions sont-elles compatibles avec le Zen?*
**R.** — Bien sûr. Le Zen est au-delà des religions. Des chrétiens, des prêtres, des religieuses viennent faire za-zen.

**Q.** — *Comment concilier une vie professionnelle agitée avec la pratique du Zen?*
**R.** — C'est précisément parce que votre vie est agitée que la pratique du Zen lui fera le plus grand bien. Vous ferez beaucoup mieux ce que vous avez à faire parce que vous serez concentré, et puis vous vous délesterez peut-être d'une foule de choses inutiles. Vous verrez votre vie quotidienne d'un œil nouveau. « Lorsque l'esprit est libre, tout est libre autour de soi », dit un *koan*.

**Q.** — *Est-ce que la pratique du Zen ne devient pas une mode?*
**R.** — Peu importe si elle est une mode. La mode répond à un besoin, mais elle ne dure pas. Pour durer, la pratique exige effort et persévérance. Toujours, il y a ceux qui comprennent et qui continuent, au-delà des modes et des courants passagers. De la mode, il reste quelque chose. La vague se retire mais l'océan demeure.

*Q.* — *Pourquoi utilisez-vous la télévision, les journaux, alors que le Zen ne paraît pas fait pour le grand public et devrait, semble-t-il, rester secret ?*

R. — Nous sommes à une époque où les mass media sont importants. L'information doit être faite avec les moyens qui sont à notre disposition. Pourquoi faudrait-il ne parler que de choses superficielles, et garder secret un enseignement profond ? Tout le monde aujourd'hui cherche un sens à la vie. Chacun a droit à l'éveil. L'homme religieux doit apprendre à se jeter à l'eau et à nager suffisamment bien afin de pouvoir aider ceux qui sont en péril.

*Q.* — *Le bouddhisme est la voie du milieu. En Occident, cette voie moyenne ne sert-elle pas d'alibi à la morale bourgeoise ?*

R. — La voie du milieu n'est pas faite de peur et de torpeur, de tiédeur et d'indécision. Ne nous y trompons pas, elle embrasse les opposés, elle dépasse, en les intégrant, toutes les contradictions, elle est au-delà de tout dualisme, au-delà même de toute synthèse. Le *Sutra Hannya Shingyo* se termine par le chant : « Aller, aller, aller par-delà, aller ensemble, au-delà du par-delà, sur la rive du *satori,* qui est la sagesse de l'éveillé (Bouddha). » C'est l'intuition concrète de l'unité fondamentale de toutes choses : sujet et objet, corps (ou matière) et esprit, forme et vide... Un proverbe dit : « Lancez-vous dans l'abîme avec décision et courage. » L'esprit trouve sa plus haute dimension, l'être accède à sa condition normale, l'homme contemple son visage originel...

*Q.* — *Y a-t-il une relation entre les mouvements du yoga et le za-zen ?*

R. — Oui. Le za-zen lui-même est une posture qui vient du yoga. Cependant, il y a des différences, c'est le Bouddha qui les a apportées, après avoir pratiqué le yoga pendant plus de six ans. Il a changé la position des mains afin de trouver une concentration plus intense. Il a aussi découvert la meilleure façon de respirer.

*Le son de la cloche du soir.*

*Q. — Est-ce que za-zen suffit pour entretenir les muscles et ne recommandez-vous pas la pratique d'un sport ?*
R. — Vous pouvez faire du sport, bien sûr. Za-zen n'est pas une gymnastique : à un niveau plus élevé que le sport, vous créez votre vie, vous sentez l'énergie en vous-même. La véritable pureté, la véritable voie, c'est za-zen. Si vous comprenez cela vous pouvez faire tout ce que vous voulez. Toute chose est alors bonne pour vous.

*Q. — Faire za-zen, n'est-ce pas s'évader du monde économique et social ?*
R. — Non ! Non. Je ne le pense pas. Le nouveau-né est attiré par le sein de sa mère. L'homme court après les plaisirs, l'argent, le pouvoir, les honneurs. Le jour où il entreprend de regarder en lui-même, il commence à devenir un être spirituel. Ce n'est pas une évasion, c'est une démarche extrêmement réaliste, un élargissement du champ de la conscience, une évolution, une mutation.

*Q. — Mais si chaque homme était moine Zen, comment irait le monde ?*
R. — Chacun doit pouvoir gagner sa nourriture. Et il n'est pas nécessaire de devenir moine ! Au demeurant, je mets sans cesse l'accent sur l'importance du travail et de la concentration dans la vie quotidienne. L'éducation du Zen est forte, et s'adresse à des personnes déjà fortes. Elle est différente pour chacun, agit avec souplesse en profondeur. Il suffit, dans une société, d'une poignée d'êtres forts et purs pour y exercer une influence bienfaisante.

*Q. — Dans le christianisme, on veut aider les autres, et dans le bouddhisme ?*
R. — Dans le bouddhisme aussi, naturellement. Mais aider les autres, qu'est-ce que cela signifie ? Qu'est-ce qu'aider ? Aider en quoi ? Aider qui ? Est-ce faire l'amour, donner de l'argent ? Dans le Zen on dit : « Il faut mendier auprès du mendiant et donner de l'argent au riche. » L'aide la plus

haute, c'est apporter aux hommes la liberté intérieure et la paix individuelle.

## L'ESPRIT DU ZEN

Q. — *Que veut dire* shin *dans le mot* sesshin ?
R. — L'esprit. Votre esprit. Vous devez regarder en vous-même.

Q. — *Le Zen est, dans son essence même, très simple, très dépouillé. Pourquoi faites-vous parfois des cérémonies ?*
R. — L'important est la méditation, za-zen est l'essence du Zen. Mais il est bon d'entourer la méditation d'un minimum de cérémonial. Disons que c'est un cadre, une discipline pour la pratique en commun, sans plus.

Q. — *Pourquoi place-t-on au centre de la pièce une statue de Bouddha ?*
R. — Elle n'est pas indispensable. Ce n'est que du bois, ou du bronze. Pourtant je m'incline souvent trois fois en *sampaï* devant elle. Est-ce réellement devant la statue ? Non, je m'incline devant votre posture, et ce qu'elle représente. La statue peut brûler. La posture demeure. La nature de Bouddha, la nature divine, c'est en vous qu'elle existe, et que vous la découvrez.

Q. — *Et pourquoi l'encens ?*
R. — C'est une marque de respect et de purification. J'allume un bâton d'encens lorsque je veux honorer un visiteur. Le parfum de l'encens, également, crée des conditions de calme.

Q. — *Pourquoi le gong, la cloche, et l'enclume de bois à l'entrée ?*

R. — Dans les temples Zen, au Japon, ces sons se répondent au cœur du silence et font écho aux seuls bruits de la nature, le vent, la pluie, le chant des oiseaux, le ruisseau, une cascade. Ils accompagnent la méditation et leurs vibrations prolongées aident à la concentration en résonnant profondément à l'intérieur de l'être. Qu'ils soient forts ou délicats, ces sons ne dispersent pas l'esprit, ils le rassemblent, le pacifient, le stimulent et l'élèvent.

Q. — *Qu'est-ce que la musique dans le Zen?*
R. — La musique naturelle est la musique du Zen : chant des oiseaux, vent dans les pins, bruit de la rivière, voix des enfants... tous les sons naturels sont bénéfiques à la méditation.

Q. — *Vous avez cité un koan : « La musique ancienne n'a pas de mélodie. » Est-ce le son à l'état pur?*
R. — Oui, c'est le son à l'état pur, comme dans la récitation du *Hannya Shingyo*. Il n'y a pas de mélodie, pas d'ornementation. L'art japonais le plus traditionnel est très simple. De même la peinture Sumie : le trait de pinceau n'est jamais une décoration. Il est fait d'un seul jet, inconsciemment. Après un temps d'intense concentration, le maître projette le pinceau sur la feuille de façon tout à fait spontanée. Ce n'est pas l'ego de quelqu'un qui trace les lignes.

Q. — *Pourquoi demandez-vous à des Occidentaux de chanter en japonais?*
R. — Le *Maka Hannya Haramita Shingyo (L'Essence du Sutra de la Sagesse Suprême)* est un texte très antique qui combine des éléments du chinois ancien et du japonais ancien. Les Japonais eux-mêmes, de nos jours, ne le comprennent pas. Il vous faut en pénétrer le souffle, le rythme, le son originel avant d'être en mesure de créer par vous-même. Le *Hannya Shingyo* est comme le chant de la source originelle. Chanté à la fin du za-zen, c'est aussi un exercice de souffle,

d'expiration profonde. Pulsation d'une vibration unitaire, ensemble, tous ensemble.

*Q. — A quoi sert le coup de bâton pendant le za-zen?*
R. — Quand on est endormi ou bien agité, que l'esprit bouge et qu'on ne peut se calmer, on peut demander le bâton *(kyosaku)*. Sur chaque épaule se trouve, à la base du cou, un centre nerveux important qui, dans la vie actuelle, est le plus souvent crispé. Le coup de bâton est semblable à un massage, il détend les nerfs dans cette région, et ramène à un état de calme et d'éveil. Le *kyosaku* n'est pas un bâton ordinaire. Il représente l'esprit du Maître. Sa pratique est une pratique spirituelle.

*Q. — Quel est le sens du* kesa?
R. — Pour répondre à cette question, il faudrait faire une conférence. Le *kesa* est le symbole du moine Zen, le vêtement de Bouddha. Cet habit était à l'origine fait de chiffons et de morceaux de linceuls, montrant ainsi que ce qui est le plus bas et le plus grossier peut devenir l'objet le plus élevé et le plus digne de respect. Le dessin des coutures rappelle celui d'une rizière. Bouddha disait : « Si vous portez cet habit, vous pourrez manger jusqu'à votre mort, obtenir la vraie sagesse, changer votre *karma*. »

Mon maître croyait beaucoup au *kesa*, symbole de la transmission du Zen. Je revêts un grand *kesa* pour les cérémonies. Dans la vie courante, je porte un mini-*kesa*, ou *rakusu*. C'est le même que je donne à mes disciples, et qu'ils mettent pour faire za-zen. En Chine, puis au Japon, dans les temples — et en France durant les *sesshins* —, à l'issue du za-zen de l'aube, les moines et les disciples posent leur *kesa*, plié, sur leur tête et chantent le *sutra :*

« Vêtement universel, illimité et béatifique !
Maintenant j'ai le *satori* du Bouddha
pour aider tous les êtres.
O merveilleuse émancipation ! »

*Mondo*

Q. — *Est-ce que chacun a la nature du Bouddha ?*
R. — Oui, chacun de nous. Il y a eu un Çakyamuni Bouddha, mais nous sommes tous Bouddha. Nous avons tous en nous la nature divine.

Q. — *Quelle est l'influence du Zen dans les arts martiaux ?*
R. — Comme dans le za-zen, le point essentiel dans les arts martiaux est la respiration. Ainsi en karaté, si l'on reçoit un coup sur l'inspiration, on tombe, tandis que si l'on est concentré sur l'expiration on devient solide comme un roc, inébranlable. Dans *Le Zen dans l'art chevaleresque du tir à l'arc*, le professeur Herrigel a montré comment on bande l'arc pendant l'expiration, en poussant sur le bas-ventre (le *hara*) : la flèche part d'elle-même en fin d'expiration. Alors le tir est parfaitement précis. On me demande souvent pourquoi en Occident les meilleurs pratiquants des arts martiaux atteignent généralement un palier qu'il leur est très difficile de dépasser : les arts martiaux ne constituent pas un sport ou une technique, mais une voie. Pour comprendre les arts martiaux, il faut être sans but. C'est lorsque l'on est désintéressé que l'on devient profond. C'est pourquoi, arrivé à un certain niveau dans l'expérience des arts martiaux, il est indispensable de pratiquer za-zen.

Q. — *Pourquoi parle-t-on d'arts Zen ?*
R. — Si un maître en art ne fait pas za-zen, son art n'est pas Zen. Prenons la calligraphie. Si vous dessinez après un za-zen, le dessin sera différent de celui que vous aurez tracé avant. Un cercle, par exemple, vous le tracerez aisément, naturellement. On exprime ses caractéristiques, sans conscience, au-delà de la technique et de la forme.

Q. — *Quelle est la différence entre le* Soto *et le* Rinzaï (1) *?*
R. — Dans l'École *Rinzaï,* za-zen est une voie pour

---

(1) École du Maître chinois Lin-Tsi, introduite au Japon par Eisai au XIIIe siècle.

obtenir le *satori*, alors que, dans le *Soto*, za-zen lui-même est *satori*. S'asseoir sans affaires *(shikantaza)*, sans but ni esprit de profit *(mushotoku)* : la pratique de za-zen est *satori*, toute chose est *satori*. Aussi, dans le *Rinzaï*, il arrive souvent que le disciple, en za-zen, se concentre sur un *koan* (1), alors que dans le *Soto* il ne se concentre sur rien d'autre que la posture, le souffle et l'attitude de son esprit. Mais l'arbre ne doit pas nous cacher la forêt : chaque maître a sa façon d'enseigner, et les différences dans les méthodes d'éducation n'altèrent pas l'essence du Zen. Au demeurant, je suis délégué en Europe par l'ensemble des sectes Zen du Japon (2). Mon enseignement procède du Bouddha par la lignée de tous les maîtres. C'est la transmission d'une sagesse illimitée, universelle, au-delà des écoles et des religions, au-delà du bouddhisme, au-delà du Zen, même.

*Q. — Vous avez dit que vous vouliez aider le Christ. Pouvez-vous vous expliquer ?*
R. — Jésus a dit : « Celui qui me voit voit mon Père. » Je veux aider Dieu. Le Christ ou Dieu, cela revient au même. Lorsque je suis arrivé en Europe, Dieu était très malade, certains le disaient même mort. Je désire aider mes contemporains à acquérir une conscience religieuse.

*Q. — Pouvez-vous nous donner une précision sur ce que les Indiens appellent le corps subtil ?*
R. — C'est l'essence de l'esprit et du corps, au-delà de la dualité.

*Q. — Avons-nous tous la même conscience cosmique ou chacun a-t-il la sienne propre ?*
R. — Je pense qu'elle est seulement une, parce qu'elle englobe le cosmos tout entier ; dans le cosmos, l'énergie est partout la même. Selon sa force chacun prend sa propre mesure.

(1) Cf. infra *Koans*.
(2) *Soto*, *Rinzaï* et *Obaku*.

*Mondo* 67

*Q. — Pourquoi sommes-nous imparfaits ? Étions-nous parfaits auparavant et devons-nous le redevenir ?*

R. — Vous évoquez le problème même de la civilisation. Est-ce qu'avant d'être civilisés, les hommes vivaient mieux ? Comme vous le savez, à l'origine, le cerveau interne était très actif. L'homme se civilisant, c'est le cortex cérébral qui a continué d'être utilisé intensivement. L'extérieur s'est développé unilatéralement tandis que l'intérieur restait sous-employé. Un tel déséquilibre ne peut qu'engendrer faiblesse nerveuse, névrose et frustration, pour l'individu comme pour l'espèce. J'ai vu les fresques de Lascaux et du Tassili. Il y a des millénaires, dans ces grottes, les hommes ont laissé ces signes sur les roches. Ce sont de prodigieuses œuvres d'art, nourries par la conscience cosmique. Quel peintre pourrait en faire autant ? Je ne peux pas me prononcer sur la forme qu'a prise l'évolution humaine et décider ce qui serait le mieux. L'intelligence s'est développée depuis la Renaissance, les civilisations se sont intellectualisées, mais où est passée la sagesse ?

Je puis vous dire ceci : par et à travers la pratique de za-zen, notre cerveau peut retrouver sa condition normale, originelle, réintégrer l'ordre cosmique. Alors une énergie nouvelle passe dans l'être, une grande activité s'y manifeste, une pure créativité s'y déploie, le sens de l'effort devient spontané.

*Q. — Y a-t-il une relation entre notre dépendance vis-à-vis de l'ego et l'interdépendance des phénomènes ?*

R. — Bien sûr. La dépendance vis-à-vis de l'ego est très forte chez certaines personnes, jusqu'à nourrir l'individualisme et engendrer l'égoïsme. Mais, en dernier recours, si nous abandonnons notre petit ego, nous pouvons atteindre un autre ego, l'Ego profond. Dans l'éducation *Rinzaï* de la Chine ancienne, pour chaque question qu'il venait poser au maître dans sa chambre, le disciple recevait un vigoureux coup de bâton (quand un moine ne l'attendait pas à la sortie avec un gourdin). La séance se répétait chaque jour. Le disciple ne recevait pas de réponse avant d'avoir trouvé l'éveil *(satori)*. A travers le *satori*, on devient un autre Ego. Alors commencent

*Aller à l'encontre, toucher… ni l'un ni l'autre ne vaut.*

les conversations avec le maître : parole profonde, forte, directe, dépouillée, sincère. Dans l'éducation *Soto*, le cheminement est le même : le maître éduque inconsciemment ses disciples. Il les éveille à la dimension du *satori*. Ainsi de ceux qui viennent ici sans but : leur démarche est spirituelle, pourtant, ils ont de fortes caractéristiques personnelles ! Ceux qui ne sont pas *mushotoku,* qui viennent avec un but, qui veulent utiliser le za-zen, je peux les éduquer jusqu'à ce qu'ils abandonnent automatiquement leur ego limité. Alors, de façon tout à fait inconsciente, surgit l'Ego profond, libre, indépendant. Mais il est parfaitement inutile de venir ici pour abandonner son ego...

*Q. — Pourquoi le nom d'aucune femme n'est-il passé à la postérité dans le Zen ?*

R. — Les femmes, aussi bien que les hommes, ont pratiqué le Zen, et il est assez fréquemment arrivé qu'une femme âgée éduque un maître. Seulement, dans l'Asie traditionnelle, il est coutume de ne pas transmettre le nom d'une femme à la postérité, même si elle a répandu la sagesse autour d'elle, même si elle a enseigné un maître. De nos jours tout cela est révolu, la femme et l'homme sont sur un plan d'égalité, et une femme peut très bien devenir Maître.

*Q. — Vous parlez toujours de sagesse. Le Zen fait-il place à l'amour ?*

R. — Comme l'eau ne va pas sans le feu, la sagesse ne va pas sans l'amour. Sagesse illimitée et amour universel sont un dans l'harmonie cosmique. Les combinaisons sont infinies, l'équilibre toujours parfait.

L'amour n'est pas fait seulement de caresses et de baisers, mais aussi de coups de bâton. Se réjouir profondément du succès des autres, penser inconsciemment à leur bonheur, telle est l'attitude du *bodhisattva* (1).

(1) *Bodhisattva :* « Bouddha vivant ». Chacun peut réaliser qu'il l'est et consacrer sa vie à aider les autres hommes, en participant à la réalité sociale. Rien ne le distingue d'eux, mais son esprit est Bouddha.

*Q. — En za-zen, lorsque je suis concentré sur moi, je ne ressens pas la vie cosmique.*
R. — Pas besoin de vous faire de souci à ce sujet : personne ne ressent la vie cosmique. Moi non plus je ne la ressens pas. Si vous la sentez consciemment, c'est que vous êtes fou. On reçoit inconsciemment l'énergie cosmique. Vous pouvez toutefois vous en rendre compte après za-zen ; vous vous sentez heureux, détendu, vous sentez que votre corps et votre esprit ont changé. Je dis toujours que si vous croyez avoir le *satori*, ce n'est pas le *satori*. Si vous avez un but, satori ou vie cosmique, vous n'obtiendrez rien du tout. Si vous êtes concentré sur votre posture et votre respiration, inconsciemment vous recevrez tout.

*Q. — Avez-vous le* satori, *Maître Deshimaru ?*
R. — Je ne sais pas ! Si vous demandez à quelqu'un : « Êtes-vous bon ? », et qu'il réponde « oui », il y a de fortes chances pour que la personne en question ne soit pas aussi bonne qu'elle le prétend, sinon sa réponse aurait été plus modeste : « Pas tellement » ou « Je n'en sais rien ». Il ne faut ni chercher ni vouloir le *satori*. Ceux qui posent une telle question veulent certainement obtenir le *satori*. Dogen insiste sur le fait que le *satori* existe déjà en nous, bien avant notre naissance. Puisque nous avons le *satori*, pourquoi chercher à l'obtenir ?

Mais si notre vie est remplie de passions, de désirs, si elle est compliquée, il faut alors pratiquer za-zen pour revenir aux conditions normales. Za-zen est en lui-même *satori*. Le retour aux conditions normales se fait par une bonne posture, une respiration correcte, le silence.

Poser la question : « Avez-vous le satori ? » signifie que l'on n'a pas compris ce qu'est le vrai Zen. La réponse qui convient est seulement : « Non, je n'ai pas le satori, et je pratique za-zen, car za-zen en lui-même est *satori*. »

*Q. — J'ai été très impressionné par l'importance de la disparition de l'ego. Je comprends qu'il y a une résistance*

*Mondo*

*instinctive de l'ego. Faut-il donc arriver à le supprimer radicalement ?*

R. — Pourquoi complètement abandonner l'ego ? Je n'ai jamais parlé ainsi. On peut abandonner l'ego avec sa tête, mais le corps ne suit pas ! Aussi le Zen est-il un entraînement du corps à l'abandon de l'ego. Supposez qu'en za-zen vous ressentiez un point douloureux dans votre corps. Si vous vous concentrez sur la posture et la respiration, inconsciemment vous abandonnerez la conscience de cette douleur. C'est affaire de patience, de répétition, d'entraînement. Par le corps, abandonner l'ego, inconsciemment, tel est l'objet de l'éducation Zen.

Q. — « *Je ne suis pas un autre* », *a dit Dogen. Pouvez-vous nous expliquer ce propos ?*

R. — Oui... c'est une longue histoire, un *koan*.

A l'âge de vingt-quatre ans, Dogen se rendit en Chine, à la recherche du vrai Zen. Il ne l'y trouva pas. Il rencontra une très haute civilisation, mais pas ce qu'il cherchait. Un jour chaud d'été, alors qu'il se disposait à repartir au Japon, il vit devant un petit temple un très vieux moine occupé à disposer des champignons pour les faire sécher. La chaleur était vraiment torride, aussi Dogen lui demanda : « Pourquoi travaillez-vous ainsi ? Vous êtes un moine âgé et, de plus, un dignitaire. Pourquoi ne pas faire appel aux jeunes ? Et puis, aujourd'hui il fait trop chaud pour travailler, pourquoi ne pas attendre un jour plus clément ? » La réponse est devenue historique : « Vous venez du Japon et vous m'avez l'air d'un bon jeune homme. Vous connaissez le bouddhisme, mais vous n'entendez rien à l'essence du Zen. Un autre n'est pas moi, et je ne suis pas un autre. Un autre ne peut pas faire l'expérience de mon action. Si je ne pratique pas moi-même, je ne puis comprendre. Je dois faire mon expérience de sécher les champignons. »

C'est l'essence du *Soto Zen*. Les autres ne sont pas moi. Dogen fut vraiment surpris. Il demanda encore : « Mais pourquoi aujourd'hui, par ce temps ? » le vieux moine répondit : « Ici et maintenant, c'est très important. Pour sécher les champignons, il faut qu'il fasse sec et chaud, demain il peut pleuvoir, et les champignons ne seront plus aussi frais. Je dois travailler maintenant, ne me dérangez pas. Si vous voulez trouver le vrai Zen, allez voir mon Maître, Maître Nyojo. »

Dogen ne partit pas, et Maître Nyojo l'éduqua. Nyojo l'aima au premier coup d'œil. Dogen comprit le vrai Zen, par la pratique de za-zen. Il abandonna ses livres. Chaque matin il faisait za-zen, nettoyait le *dojo*, le fleurissait. Nyojo pensa : « Ce garçon est grand, je dois le certifier comme mon successeur », et il lui remit son *kesa*.

La philosophie de Dogen repose donc sur ces trois principes :
1. Se concentrer ici et maintenant.
2. Un autre n'est pas moi et je ne suis pas un autre.
3. *Shikantaza :* seulement s'asseoir.

LA MORT

*Q. — Pourquoi sommes-nous nés ?*

R. — Parce que votre père et votre mère vous ont donné le jour. Vous soulevez un grand problème... un véritable *koan*. Pensez-y.

« Pourquoi suis-je né ? Pour me nourrir ? Pour aimer ? Pour acquérir des connaissances ? » Cette question est l'objet de notre vie. Et les autres personnes, qu'en pensent-elles ? (Plusieurs personnes lèvent le doigt et répondent.) Chacun a une opinion différente. Pour développer notre vie ou pour développer l'humanité, disent les uns ; pour permettre à la conscience de s'incarner ou pour que la vie cosmique soit vécue individuellement, disent les autres. Chacune de ces réponses est juste ! On se trouve là devant la question qui fonde toutes les religions. En découvrant za-zen, Bouddha a résolu le problème de la naissance et de la mort.

*Q. — Un suicide heureux n'est-il pas l'aboutissement du Zen?*

R. — Le suicide n'est jamais heureux. Il ne témoigne pas d'une condition normale. Vous devez vivre, vous ne devez pas mettre fin à vos jours. Certes, des bonzes se sont fait brûler au Vietnam, mais leur action exprimait une résistance politique.

*Q. — Se suicider, n'est-ce pas arrêter le plan de Dieu?*

R. — Si. Il faut vivre. Certes, il y a plus d'une raison aux suicides. Dans quel état est la personne qui se suicide? Pourquoi veut-elle mourir? On parle de chagrin, de fatigue, de névrose, de difficultés familiales... Dans bien des cas, il est plus difficile de vivre que de mourir.

*Q. — Quelle relation y a-t-il entre Harakiri et Zen?*

R. — Il n'y en a pas. Le *Sutra du Lotus* dit une phrase célèbre sur la vie : « Nous ne devons pas avoir peur de la mort, mais nous ne devons pas mourir. Nous devons aimer, vouloir la vie. » Harakiri n'est pas dans l'esprit du Zen. En Europe, on est mal informé à ce sujet. Dans le Japon ancien, à l'origine, quand un guerrier (samouraï) était fait prisonnier et qu'il était condamné à mort, il ne pouvait envisager que la sentence soit exécutée par un autre que lui-même. Il valait mieux se tuer que d'être tué. Le harakiri n'est donc pas un suicide. Il a lieu lorsque l'on doit de toute façon mourir. Les samouraïs considéraient que si l'on tue quelqu'un, son âme erre à l'état de fantôme ; tandis que s'il se fait harakiri, sa conscience s'épuise et devient paisible.

*Q. — Que pensez-vous de l'incinération?*

R. — C'est une pratique normale en Orient. Pourquoi cette coutume? Pour la famille. Si le corps reste, la famille pense toujours au corps qui est dans la terre. Elle lui reste attachée. Si le corps est brûlé, tout se termine, seul le *karma* de l'esprit continue. Après la mort, le corps n'est plus rien. Il est seulement poussière. On honore le corps du défunt, puis on s'en détache. Après une incinération, on ne voit plus que quelques os et des cendres. Alors on réalise : c'est cela que je dois devenir, poussière. On peut comprendre la mort. La tristesse et l'attachement se transforment en pureté. Si je meurs, j'espère que l'on me brûlera et que l'on jettera mes cendres dans la Seine ou dans l'Océan. En Amérique au contraire, le corps est souvent embaumé, maquillé, décoré pour donner l'illusion de la vie. De ces deux pratiques, laquelle est la meilleure ? C'est une question de niveau de conscience.

*Q. — Le souvenir reste ?*
R. — Quand nous mourons, le corps meurt, et donc aussi le cerveau, mais notre conscience perpétue son influence. Elle continue d'influencer la totalité, c'est-à-dire qu'elle existe et agit sur la matière et sur l'esprit de notre prochain immédiat ou lointain, et sur l'état du monde dans son ensemble. Comment pensons-nous ? C'est une importante question. Si nous vivons à un niveau de conscience élevé, celui-ci continue après la mort. Si nous vivons à un niveau moindre, il laisse une autre influence. Maître Dogen a beaucoup insisté sur ce point. Le *karma* que nous créons ici et maintenant avec notre corps, nos actes, nos paroles, nos pensées, notre conscience continue éternellement. Nous créons le monde futur dans l'actuel.

*Q. — Ne pouvons-nous pas donner un sens à notre mort ?*
R. — La mort, c'est la fin. Quand on doit mourir, on meurt. C'est « ici et maintenant » qui est important. Si quelqu'un me tient en joue, ma mort est ici et maintenant, sans peur. Lorsque l'on a un cancer, c'est la même chose. On peut se dire : « Je dois mourir. » Ce qui est important, c'est de prendre la « décision » de mourir.

*Q. — Est-ce que cette décision a un sens ?*
R. — Elle n'a pas de sens particulier. On doit mourir, c'est tout. Comment mourir ? Pourquoi mourir ? Dans un combat au sabre, on ne se dit pas : « Je ne veux pas mourir ! et si je perds comment vais-je faire ? » Dans le combat, c'est le corps

et l'esprit ensemble qui agissent et acceptent la mort. Mourir uniquement par la pensée est impossible, il faut que le corps lui aussi prenne cette décision. Quand nous devons mourir, nous mourons, sans bouger, sans rien. Mais lorsque le moment n'est pas arrivé, ce n'est pas la peine de mourir, il faut se sauver. C'est clair.

*Q. — Est-ce seulement la « décision » du corps qui est valable, et pourquoi pas celle de la pensée ?*
R. — Même un grand Maître qui dit : « Je veux mourir maintenant ! », tout au fond de lui-même, n'a pas envie de mourir. Le Christ lui-même s'est révolté au moment de sa mort. Il reste toujours une petite pensée de refus dans le cerveau. Dans les religions traditionnelles, il est question d'un paradis ou d'une autre vie après la mort. C'est là une méthode pour préparer les gens à bien mourir. Sinon, ils vivent dans la peur du moment où ils entreront dans leur cercueil. Si, lorsque ici et maintenant je dois mourir, mon corps accepte la mort, ma conscience demeure paisible. Ce corps est matière, ce n'est pas le vrai Moi, la conscience non plus, toujours changeante, n'est pas le vrai Moi. Il nous faut comprendre que rien n'est important. Si on comprend cela, ce n'est même pas la peine de vouloir abandonner l'ego. Quel est l'Ego qui comprend cela ? Il existe, c'est Bouddha, c'est Dieu, c'est la vérité la plus haute.

*Q. — Comment est mort Bouddha ?*
R. — Bouddha est mort de maladie après avoir mangé du sanglier. Et je pense qu'il ne voulait pas mourir, parce que c'était un homme. Quand il est mort, il était paisible, sans angoisse. Quand on doit mourir, on meurt, on retourne au cosmos. Quand notre activité s'achève, que notre vie est finie, vient le moment de la décision « ici et maintenant, je dois mourir ».

*Q. — Qui comprend ?*
R. — C'est le véritable Ego qui comprend. C'est lui qui

prend la décision. La plus haute philosophie est celle du vide *(ku)* : dans la matière, après l'atome, les neutrons, il n'y a rien. Dans notre corps non plus, en dernier lieu, il n'y a rien. Le véritable Ego qui peut réaliser cela apparaît petit à petit, par za-zen, l'immobilité, la non-pensée : c'est comme se regarder dans un miroir. En fait, ce n'est pas l'ego. Peut-être est-ce, dans le christianisme, ce que l'on appelle Dieu. Mais, dans le Zen, on l'appelle le véritable Ego, l'Ego absolu. Il faut que quelque chose comprenne, et la seule chose qui puisse comprendre, c'est Dieu ou le cosmos. C'est l'Ego qui a tout abandonné, famille, argent, honneurs, amour, et jusqu'au corps. Voilà ce qu'on appelle le *nirvana*. Qu'est-ce que l'ego dans le christianisme ? Jésus a délibérément offert sa vie. Comment Dieu a-t-il pris en lui-même la « décision » de mourir ?

Q. — *Jésus a mené un combat parmi les hommes. Ses ennemis ont voulu sa mort; il a accepté librement cette mort plutôt que de trahir sa mission. Il a fait de sa mort, sa mission, c'est-à-dire la manifestation aux hommes du don de lui-même.*

R. — Le Christ a pu mourir de cette façon, il l'a décidé. Mais les autres hommes peuvent-ils faire la même chose ? Comment pensez-vous que les gens doivent affronter la mort ?

Q. — *Je crois que, dans le cas du Christ, ce qui me touche, ce n'est pas tant qu'il soit mort, mais qu'il soit ressuscité.*

R. — C'est votre foi. Mais certains n'y croient pas. Et comment aider ceux qui ne croient pas ?

Q. — *Il n'est pas nécessaire de donner sa vie pour l'amour des hommes. Il y a des actes beaucoup plus simples, comme d'aider son prochain, qui sont plus accessibles pour tout le monde dans l'immédiat.*

R. — Le rôle de la religion est d'aider les hommes à affronter le moment de la mort. A l'instant ultime, l'attitude du corps et de l'esprit est très importante. Que doit-elle être ? Accepter la mort inconsciemment : l'homme trouve la sérénité. C'est le propos de l'éducation Zen.

*Mondo*

Certains Maîtres, avant de mourir, se sont levés et se sont mis en za-zen, certains sont même morts debout. C'est une bonne façon d'éduquer ses disciples avant de mourir. Peut-être que, face à la mort, mes dernières paroles à mes disciples seront : « Je ne veux pas mourir. »

Pendant la guerre, j'ai vécu une expérience proche de la mort : j'ai dû aller du Japon en Indonésie sur un bateau chargé de dynamite. Sur le bateau, je faisais za-zen et, tandis que les bombes tombaient, je pensais : « Maintenant je vais mourir. » Je me disais : « Après ma mort, qu'est-ce que je vais faire ? » Je pensais à ma famille, et à ce moment-là il est très difficile de « décider » sa propre mort. Après ces pensées tourmentées, vient le calme : « Maintenant et ici je vais mourir. » Dans l'expérience de cet état, on connaît la sérénité qui précède la mort. Après cette expérience, j'ai décidé de devenir moine. Si vous deviez mourir maintenant, que désireriez-vous ?

*Q. — Vaincre la peur de la mort, est-ce le* satori ?

R. — Oui. Et je dis toujours : lorsque vous faites za-zen, vous entrez dans votre cercueil. Arrêter de pratiquer za-zen est arrêter le *satori*. Ici et maintenant est le plus important. Jusqu'à la mort... Le *satori* total est dans notre cercueil. Le corps lui-même est illusion lorsqu'on le met en terre. Il n'y a rien à craindre. Si nous comprenons cela, notre vie acquiert une nouvelle force, et tout devient paisible et libre autour de nous. Voilà le sens du *satori* !

*La tête ronde, la robe noire : symbole du moine.*

# Qu'est-ce que la concentration ?

PENSER SANS PENSER

Parfois, pendant za-zen, des pensées surgissent sans cesse, les problèmes quotidiens, les désirs, les anxiétés nous assaillent sans relâche. Or, il ne faut ni lutter contre les pensées ni se fixer dessus. Il est écrit dans le *Shodoka* (1) : « On ne doit pas rechercher la vérité, ni couper ses illusions. » On laisse passer les pensées, on ne les entretient pas, elles perdent ainsi leur acuité, et za-zen nous conduit au-delà. Notre esprit est compliqué, difficile à diriger, agile comme un singe ; si nous essayons de le maîtriser, nous constatons rapidement que c'est impossible. En pratiquant correctement za-zen, l'assise juste, en nous concentrant uniquement sur la posture et la respiration, nous oublions notre conscient, et les pensées passent d'elles-mêmes, naturellement. Ces pensées sont d'abord celles de notre vie quotidienne, puis, si nous continuons la pratique une heure, un jour, un mois, nous atteignons les niveaux les plus profonds du subconscient. De cette façon, en nous éduquant sur le plan de l'inconscient, za-zen nous fait découvrir la sagesse et la véritable intuition. Cette éducation est aussi celle de tous nos sens : pendant za-zen, les perceptions

(1) Ou *Chant de l'immédiat satori*, de Maître Yoka, qui vécut en Chine au VII$^e$ siècle. Éd. Retz.

revêtent une très grande acuité. Ici, dans le *dojo*, nous sommes sollicités par le bruit du vent, le son du *kyosaku*, le bruit des voitures, le chant des oiseaux... Si nous nous laissons distraire par ces phénomènes, nous oublions de nous concentrer sur la posture.

Qu'est-ce que la concentration?
Dans les textes zen traditionnels, il est dit :
— Regarder sans regarder,
— Entendre sans entendre,
— Sentir sans sentir,
— Penser sans penser.

Il faut se concentrer sur les six sens à la fois (la conscience étant considérée comme un sixième sens), les unir, les harmoniser. Si les sens sont unifiés, on peut trouver la véritable concentration sans se servir de la volonté. Penser sans penser, inconsciemment... Il existe différents moyens pour aider à trouver cette concentration : par exemple, pousser à fond sur les intestins durant l'expiration, ou recevoir le *kyosaku*.

Pendant za-zen, la douleur est plus efficace que l'extase. La meilleure concentration se découvre avec la douleur, quand on est fatigué, que l'on a envie de partir. La véritable et profonde concentration se trouve aux frontières de la vie et de la mort. Évidemment, les débutants doivent faire preuve de volonté ; on corrige consciemment sa posture, ou sa concentration, puis, peu à peu, elle s'améliore inconsciemment. Lorsque l'habitude du za-zen est acquise, dans la vie quotidienne les sens acquièrent la même acuité qu'en za-zen. Le za-zen devient la source de notre existence. Les phénomènes *(shiki)* deviennent vide *(ku)*. La plupart des gens n'agissent qu'en se servant de leur conscience et de leur savoir, qui sont toujours limités. La véritable création, l'action juste, provient de la sagesse, elle ne surgit pas de la conscience, mais des profondeurs de l'esprit. L'essence devient alors phénomène. C'est bien là ce qui est chanté dans le « Sutra de la Sagesse

Suprême » : *shiki soku ze ku, ku soku ze shiki,* la forme (phénomène) est le vide (essence), et le vide n'est autre que la forme.

### HISTOIRE DE GOBUKI

Il y avait jadis, au cœur de la montagne, un dragon très malfaisant qui dévorait tous ceux qui l'approchaient, aussi personne ne voulait plus aller dans cette montagne. Un jour, pourtant, un homme appelé Gobuki (ce qui signifie cinq armes) partit muni d'une pique, d'une lance, d'une fourche, d'un bâton et d'une épée, pour débarrasser le village de ce fléau. Lorsqu'il arriva devant le monstre, il utilisa tour à tour chacune de ses armes, mais à chaque fois l'arme lui revenait et se collait à son corps. Alors il demeura immobile, regardant tranquillement le dragon, sans parler, sans frayeur.

Celui-ci rugit : « Pourquoi n'as-tu pas peur ? pourquoi ?

— Je n'ai pas du tout peur, répondit Gobuki, parce que je suis universel. Mon corps est, dans son essence, universel, et mon esprit aussi. Toi, tu es également, dans ton essence, universel. Aussi j'existe en toi et tu existes en moi, en mon corps et en mon esprit. Si tu me manges, tu te manges. Si tu te manges, tu es fou ! Cela dit, si tu désires me manger, je t'en prie, fais-le.

— Jusqu'à aujourd'hui, je n'ai jamais vu quelqu'un qui ne soit pas terrorisé, dit le monstre. Tes discours m'ont coupé l'appétit, je me sens mal. Garde tes armes et va-t'en ! »

### LUMIÈRE ET ILLUMINATION

La vraie lumière ne resplendit pas. Elle n'illumine pas sous une forme spectaculaire comme la renommée. Un vieux maître zen, un jour d'hiver, dans un temple de montagne, s'adressa à son disciple : « J'ai très froid. S'il te plaît, active le feu. » Le disciple observa : « Maintenant, il n'y a plus de lueur, le feu est mort. Il n'y a plus que des cendres dans le foyer. » Le Maître s'approcha, remua les cendres avec ses doigts et, tout au fond, trouva une petite braise rouge. « Regarde ici, tu peux voir une petite lumière. » Il l'anima, et la flamme jaillit toute grande. Alors le disciple obtint le *satori*. Ce feu est une image de la véritable illumination. Pour les Occidentaux, le mot illumination évoque souvent quelque chose d'extraordinairement resplendissant. Mais la véritable lumière ne scintille pas à l'extérieur, elle n'a pas d'éclat.

*Skinku*, en japonais, signifie : l'illumination vraie ne brille pas. C'est un *koan*... Ne pas montrer notre brillant au-dehors. Découvrir la lumière originelle dans la terre de notre cœur. Inconsciemment, trouver, à travers la méditation en za-zen, l'intuition de l'existence primitive. Recevoir l'énergie *(ki)* dans notre esprit et notre corps — jusque dans chacune de nos cellules. Bien sûr, le Bouddha a été illuminé, et son éveil est représenté symboliquement par un point sur le front, entre les deux yeux, le troisième œil. Tout le monde sait cela. Mais, dans le Zen, l'illumination signifie aussi : « ne pas manger avec le nez, manger avec la bouche », c'est-à-dire ne pas avoir de geste faux. L'illumination éclate dans chaque geste de la vie quotidienne.

Ainsi, l'illumination n'est pas seulement éblouissante elle est parfois sombre. Parfois longue, et parfois courte, parfois carrée, et parfois ronde ! La claire lumière jaillit dans la nuit obscure, et le merveilleux lotus fleurit dans la boue des marais. Un grand Maître connut l'éveil en entendant un caillou tinter contre un bambou, un autre en voyant un pêcher en fleurs. Newton eut une illumination scientifique en voyant une pomme tomber d'un pommier, et Archimède dans sa baignoire. L'illumination, la « grande intuition », surgit aussi, « de mon âme à ton âme » *(i shin den shin)*, dans le contact avec autrui, dans la communication d'esprit à esprit. On peut trouver la lumière partout. « Un nuage s'élève dans la

*Le clair de lune brille sur le lac.
Le vent pur se lève.*

montagne du Sud, il pleut dans la montagne du Nord », dit un célèbre *koan*.

La grande sagesse consiste à s'harmoniser avec le cosmos. Lorsque l'égo conscient devient vérité cosmique, jaillt l'illumination. Dans le Zen, on parle d'éveil, ou *satori*. Il n'y a rien, toutefois, qui doive être recherché. Si l'on pratique za-zen régulièrement, on peut recevoir le *satori* automatiquement, parfois graduellement, parfois en une complète révolution intérieure, un total retournement de l'être vers le dedans. La pure lumière sans souillure est la plus haute sagesse : sans souffrance, sans ignorance, sans doute, sans anxiété. Chaque phénomène de notre vie, tous les jours, y donne accès. Au cœur des cendres rougeoie encore la braise. Si nous creusons sans relâche la terre de notre esprit, sûrement nous trouverons la source jaillissante, la profonde sagesse qui embrasse toutes choses.

« Le clair de lune brillant de l'esprit, pur,
sans souillure, sans tache, brise les
vagues qui se ruent sur le rivage
et l'inondent de lumière. »

Vraie lumière cosmique, au-delà du temps et de l'espace, lumière éternelle. Une étoile scintille dans le ciel du soir, point infime dans le grand, tranquille et silencieux océan du rien *(mu)*. La lumière a surgi du vide obscur et la ronde a commencé. Énergie, matière, vie, conscience, vide... Voici que l'être retourne à son origine, le mouvement s'apaise, tout est calme. Chacun de nous est une particule douée de conscience, lumière délicate et fragile, fulguration brève d'un être voué à la mort, surgissant du rien absolu comme l'étoile qui resplendit dans la nuit. Si nous ignorons le caractère illusoire du Moi, nous ne nous connaissons pas vraiment. En cette connaissance réside l'éveil. La petite braise au milieu des cendres est comme l'astre solitaire, ou le Moi profond qui s'élève de la méditation. La sainte nuit est lumière, et le vrai Dieu est au sein de cette nuit, qui brille plus que l'éclat du soleil.

## LE FRUIT DE LA PALME EST MÛR

Maître Baso enseignait : « L'esprit en lui-même est Bouddha. » Il répétait toujours cela. Aussi l'un de ses disciples qui l'avait quitté pour devenir chef d'un autre *dojo* continuait-il le même enseignement, celui de son maître, et disait lui aussi toujours : « L'esprit en lui-même est Bouddha. »
Puis un jour, Maître Baso changea et dit : « Ni esprit ni Bouddha. » Quelqu'un alla voir l'ancien disciple de Baso et l'informa : « Maître Baso ne dit plus : " L'esprit en lui-même est Bouddha ", mais il dit : " Ni esprit ni Bouddha. " » Le disciple remarqua : « D'accord, le Maître a changé, mais moi je continue : " L'esprit en lui-même est Bouddha. " »
La personne revient au temple et rapporta la conversation au Maître. Celui-ci dit : « Le fruit de la palme est mûr. Je n'aurai pas besoin de parler. Parce qu'en fait on ne peut expliquer avec des mots. Mon disciple n'est plus vieux ni jeune, il a emporté l'épreuve. L'esprit est Bouddha, mais qu'est-ce que Bouddha ? Qu'est-ce que l'esprit ? Personne ne peut comprendre totalement ce qu'est le vrai Bouddha. »

## IL EST POSSIBLE DE COUPER LE KARMA

L'âme existe-t-elle ? Qu'est-ce que l'âme, l'esprit ? Où réside-t-il ? Dans la tête ou dans le cœur ? Après la mort, que se passe-t-il ? Nul n'est revenu pour l'expliquer. Dans le bouddhisme, lorsque le corps meurt, on dit que l'âme disparaît aussi. L'âme, l'esprit ne sont pas des entités et ne vont ni aux enfers ni au Ciel. Notre *karma* continue ; il existait déjà avant nous, il nous est parvenu à travers nos ancêtres. Sujétion à la causalité, à l'enchaînement des actions, à la responsabilité qui en découle, il intervient pour déterminer ce que nous sommes, avec nos particularités individuelles.

*Karma,* en sanscrit, veut dire l'action, et ses conséquences. On distingue traditionnellement trois sortes d'action, selon qu'intervient le corps, la parole ou la conscience. Que l'on donne un coup ou un baiser, l'action prolonge indéfiniment ses effets. Les moindres gestes, paroles ou pensées exercent une influence, sont des « graines de *karma* ». Ainsi, si l'on se laisse aller à critiquer, la critique sûrement reviendra sur nous. De par leur nature, les *karmas* du corps et de la parole sont des actions extérieures. Ils peuvent être aisément contrôlés. D'ailleurs, certains actes physiques sont limités par la loi. La parole est plus libre, mais elle est soumise à des contraintes morales ou sociales. La pensée, qui est tout intérieure, échappe à ces contrôles ; on peut penser ce que l'on veut. Chacune de ces trois dimensions agit sur les deux autres, ainsi, par exemple, la condition et la posture physiques influencent la conscience. Gestes (ou actes), paroles et pensées (ou états de conscience), tout est lié. Dès lors, pour se connaître, pour comprendre son *karma,* l'introspection ou l'analyse psychologique ne suffisent pas, il faut passer par le corps.

Dans la philosophie bouddhique traditionnelle, on distingue trois mondes d'incarnation et six voies pour la conscience.

Les trois mondes sont respectivement le monde des instincts et des désirs animaux, le monde humain, et le monde métaphysique.

Quant aux six voies ce sont :

*Naraka :* la souffrance, l'enfer ;

*Preta :* le désir perpétuel ;

*Asura :* le besoin de puissance ;

*Mamousia :* l'état d'homme (familial, social, intellectuel...) ;

*Deva :* l'extase, la condition divine ;

*Bouddha :* la liberté, la vérité, la sagesse.

Certains, en pratiquant za-zen, parviennent à un état de sagesse et d'éveil. Mais comme ils ne maintiennent pas leur concentration sans but, ou bien qu'ils s'abandonnent à un bonheur narcissique, ils retombent au commencement du cycle et sont de nouveau la proie du désir et de la souffrance. Et ainsi de suite... La transmigration (1) se fait en nous à chaque instant, ici et maintenant.

On distingue aussi dix sortes de conscience. Mais l'âme, ou l'esprit, n'a pas d'existence propre, il n'y a pas d'ego qui persiste à travers toutes les incarnations. S'il existait une entité de l'ego, nous pourrions nous contrôler en toute occasion, diriger complètement notre vie. Or, on ne peut s'opposer au *karma*, et celui-ci est inconscient avant d'être conscient. La maturité consiste à découvrir notre nature profonde, le véritable Ego, et par celui-ci à comprendre notre petit ego.

En effet, ce qui nous anime, notre esprit, est essentiellement *ku*, vide, rien. Vide est aussi l'univers dans sa totalité.

On peut mettre un terme à l'accumulation du *karma*, on peut couper le *karma*. Pendant za-zen, des pensées surgissent. Par une longue pratique, peu à peu, inconsciemment, naturellement, spontanément, on réalise l'esprit pur, on est sans pensée *(mu shin)*, au-delà de la pensée *(hishiryo)*. L'ego est abandonné, et l'on vit en harmonie absolue avec l'univers.


HISTOIRE DE MIAOU


Un samouraï, guerrier farouche, pêchait le long d'une rivière.

Il attrapa un poisson et s'apprêta à le faire cuire, lorsqu'un chat, tapi sous un buisson, bondit et lui vola sa prise. Furieux, le samouraï sortit son sabre, rejoignit le chat et le coupa en

---

(1) Doctrine héritée de la pensée indienne, selon laquelle, après sa mort, la parcelle d'énergie psychique, indestructible (*l'âtman*), contenue dans chaque être, se réinvestit dans une nouvelle créature de l'un des trois mondes, à moins que l'être réussisse à échapper au cycle des renaissances *(samsara)* en entrant dans le *nirvana*.

deux. Ce guerrier était un bouddhiste fervent et le remords d'avoir tué un être vivant l'obséda.

En rentrant chez lui, le bruit du vent dans les arbres chantait *miaou*.

Le bruit de ses pas sur le sol résonnait *miaou*.

Les gens qu'il croisait sur son chemin semblaient lui faire *miaou*.

Le regard de ses enfants reflétait des *miaou*.

Ses amis également miaulaient sans cesse à son approche.

En tous lieux, en toutes circonstances, c'étaient des *miaou* lancinants.

La nuit, il ne rêvait que de *miaou*.

Le jour, chaque son, chaque pensée, chaque acte de sa vie se transformaient en *miaou*.

Lui-même était *miaou*.

Son état ne faisait qu'empirer. Son obsession le poursuivait, le torturait, sans trêve et sans relâche. Ne pouvant venir à bout de tous ces *miaou*, il se rendit dans un temple pour y demander conseil à un vieux maître Zen.

« S'il vous plaît, s'il vous plaît, délivrez-moi... aidez-moi... », supplia-t-il.

Le Maître Zen lui répondit :

« Vous êtes un guerrier, comment avez-vous pu tomber si bas ? Si vous ne pouvez vaincre par vous-même tous ces *miaou*, vous ne méritez que la mort. Vous n'avez pas d'autre solution que de vous faire harakiri. Ici et maintenant. »

Et il ajouta :

« Cependant je suis moine, et j'ai pitié de vous. Dès que vous aurez commencé à vous ouvrir le ventre, je vous trancherai la tête avec mon sabre pour abréger vos souffrances. »

Le samouraï acquiesça, et, malgré sa peur de la mort, se prépara pour la cérémonie. Lorsque tout fut en place, il s'assit sur ses genoux, prit son poignard à deux mains, et l'orienta vers son ventre.

Derrière lui, debout, le Maître brandissait son sabre...

« C'est le moment, lui dit-il. Commencez ! »

Lentement, le samouraï posa la pointe du couteau sur son abdomen. Et à cet instant, le Maître reprit la parole :
« Vos *miaou*, les entendez-vous toujours ?
— Oh la la, pas maintenant ! Vraiment pas maintenant.
— Alors, s'il n'y a plus de *miaou*, pas nécessaire de mourir. »
Nous sommes en réalité tous semblables à ce samouraï. Anxieux et tourmentés, peureux et craintifs à tout propos, la moindre chose nous effraie. Les problèmes qui nous accablent n'ont pas l'importance que nous leur accordons. Ils sont pareils aux *miaou* de l'histoire.
Face à la mort, qu'est-ce qui est vraiment important ?

PROMOUVOIR L'ÉVOLUTION

Il est vain d'imiter autrui. Pour chacun, les conditions initiales, l'environnement déterminent les différences. Partant de là, il faut se créer soi-même, atteindre la plus haute incarnation de la vie, ici et maintenant.

Si nous avons un but, nous n'avançons pas. Si nous n'en avons pas, nous réalisons que nous ne sommes rien. Alors nous pouvons être calmes. En za-zen, on n'est ni content ni triste ; sans émotion, comme la glace. Rien, pureté et diamant.

Le véritable amour universel provient de la conscience de notre création commune par l'ordre cosmique. Les autres, sans ego comme moi-même, ne sont pas distincts fondamentalement de moi. Faire que les autres soient forts... le plus haut amour et la vraie sagesse consistent à faire découvrir à l'autre la racine commune de notre vie.

Quand l'individualité est complètement développée, elle trace un profond sillon dans le champ social. Cela ne veut pas dire qu'il faille devenir célèbre, cela signifie : laisser tomber le petit ego, s'harmoniser avec les autres, se brancher sur l'énergie cosmique.

### LE DRAPEAU BOUGE

Maître Konin, maître du célèbre patriarche Houei-Neng, fit un jour cette remarque : « Le drapeau bouge. » Un de ses élèves répéta : « Oui, le drapeau bouge. » Un autre dit alors : « Non le drapeau ne bouge pas, c'est le vent. » Houei-Neng, qui était très intelligent, remarqua : « Non, ce ne sont ni le drapeau ni le vent qui s'agitent, mais notre esprit. » Konin fut très frappé par cette remarque. Mais, en dernier lieu, une nonne très maligne qui se trouvait là intervint : « Ce n'est ni le drapeau, ni le vent, ni notre esprit. Vous ne pouvez pas comprendre. La conscience, elle aussi, est immobile. Qu'est-ce ? Vous êtes tous sots. Qu'est-ce ? C'est un *koan*. » Et tout le monde fut saisi, y compris le Maître.

### LA PAIX DU SAGE

L'homme sage, au-delà de ses particularités, est comme mort lui-même. Rien ne peut troubler son regard. Même un grain de poussière ne peut s'attacher à ses pas.

L'eau est claire et limpide. Elle n'a ni endroit ni envers. Dans le ciel, il n'y a ni entrée ni sortie.

Les phénomènes et la vacuité ne sont pas différents. La sagesse ne dépend pas de l'environnement.

\*\*
\*

Si une vague s'élève, d'autres s'ensuivent. Si notre conscience s'émeut, beaucoup de pensées surgissent. Si notre esprit est calme, tout est calme autour de nous. L'éducation moderne est fondée sur le discours, l'éducation Zen sur le

*Vous ne devez pas faire de catégories par vous-même.*

silence. A la longue, dans la discussion, la parole devient stérile. Si nous voulons mettre un terme aux discours, arrêtons les mouvements, bons et mauvais, de notre conscience. N'agitons pas notre corps. Épargnons nos pensées. L'homme vrai, qui comprend profondément sa propre nature, ne doute pas des autres. Il comprend aussi leur esprit, et ne discute pas.

A contempler l'océan, certains ne voient que les vagues à sa surface, d'autres ne considèrent que l'eau, sans les vagues. Les vagues et l'eau sont inséparables. Notre esprit est semblable au grand océan. En za-zen, il est immobile. Toute chose change et est impermanente. Le silence est supérieur à l'éloquence.


L'ACTIVITÉ


Qu'est-ce que le *ki* ? Ce n'est pas seulement la vitalité, dans l'acception commune du terme, ni l'énergie au sens strict, c'est l'activité qui en dernière instance devient spirituelle.

*Ki* se caractérise par le mouvement, la concentration et l'impulsion. Lorsque ces trois qualités sont réunies, l'être devient créatif. *Ki* veut toujours jaillir, propulser, mettre en mouvement. C'est l'action de l'esprit en lui-même. Il se manifeste à la fois comme force intérieure et comme pouvoir de réaction à l'égard des stimuli extérieurs. Il conditionne l'adaptation au milieu par l'acquisition de l'habitude. Les Occidentaux n'aiment pas ce qui se répète, alors que, justement, la répétition mobilise l'inconscient profond. Si notre *ki* est fort, notre vie est longue, intense, énergique. On peut développer son *ki* par la pratique de za-zen : abandonner l'ego, s'abandonner, c'est trouver la véritable force de l'univers.

Nous avons, un biologiste connu et moi-même, parlé des problèmes de la religion, de la science et de la biologie. Il m'a dit ne pouvoir croire en la philosophie ou en la vie de l'esprit si

## Qu'est-ce que la concentration ?

elle n'est pas expliquée et démontrée par la science ou la chimie. Je pense que cette position est dangereuse. L'homme est sans cesse arrêté, dans sa vie quotidienne, par de nombreux obstacles et de multiples résistances mentales. Cela se traduit, tout au long de sa vie, par de profondes souffrances, qui ne peuvent être résolues par la science ni par la technique. Le scientifique, en général, nie tout ce qui n'est pas scientifiquement prouvé. Par exemple, il dit que l'esprit est information. Pour ma part, je crois que l'esprit est source originelle de la vie, de l'activité, du ressort *(ki)*. Lequel de nous deux a l'esprit scientifique ? Dans le Zen, les anciens Maîtres ont atteint par l'expérience beaucoup de vérités, sans l'aide de la science qui commence à confirmer, avec ses propres méthodes, leurs plus profondes intuitions.

De nos jours, la civilisation fait décroître le ressort que possède chaque corps, en proposant un mode de vie artificiel, des aliments chimiques et même des moyens de déplacement qui ne demandent plus aucun effort. Il y a là un très grand danger, car tous ces artifices entravent l'évolution de l'homme et le font régresser de l'activité à la passivité.

La véritable aide spirituelle signifie donner le ressort aux êtres. Il semble bien sûr difficile qu'un seul homme puisse le donner à tous les autres. En fait, le cosmos entier est rempli de cette force, et notre propre vie n'est qu'une vague dans la vie cosmique illimitée. Un mouvement de notre vie. L'esprit est changeant, il crée lui-même le temps et l'espace. Notre esprit est le principe de la création, il fait évoluer notre vie vers l'éternel et l'illimité. Car l'humanité ne peut se satisfaire des plaisirs terrestres, elle veut foncièrement accomplir sa fonction cosmique.

### HISTOIRE DE LA MARCHANDE DE GÂTEAUX

Maître Tokusan entreprit de rendre visite à Maître Ryutan. A la porte du temple — Ryutan signifie Grand Dragon du lac profond — se trouvait une femme âgée qui vendait des gâteaux.

« Je désire rencontrer Maître Ryutan. Pouvez-vous me guider ? demanda-t-il.

— Quel livre portez-vous sous le bras ?

— C'est le *Sutra du Diamant*, que j'ai traduit.

— Ah, j'ai lu beaucoup de livres depuis mon jeune âge, mais je ne les ai pas compris. Pouvez-vous m'enseigner une chose ?

— Oui, je puis vous répondre.

— Dans votre *Sutra*, certainement, il est écrit : " L'esprit du passé ne peut être saisi, l'esprit du présent non plus, ni l'esprit du futur. " Vous, Maître, quand vous mangerez le gâteau de riz, avec quel esprit le mangerez-vous ? » Maître Tokusan fut très perplexe.

« Je ne puis répondre. Qui vous a donné un enseignement si profond ?

— Si vous ne comprenez pas, vous devez aller dans le temple d'un grand maître comme Maître Ryutan. »

C'est ce qu'il fit. Une discussion très serrée eut lieu entre les deux maîtres. Dans ce genre de discussion, les opinions personnelles sont brisées. Il devint un grand disciple.

## ZEN ET SANTÉ

La vie du corps et la vie de l'esprit sont désignées en japonais par les mots : *sei* et *mei*. *Sei-mei* forme un tout ; il exprime la vie sous tous ses aspects. Si les médecins oublient l'ensemble *sei-mei* et ne considèrent que le corps, se contentant de l'ausculter, ils ne peuvent vraiment guérir le malade. Le corps et l'esprit, toujours unis, interfèrent l'un avec l'autre, dans la santé comme dans la maladie. Au Japon, les maladies sont appelées « maladies de *sei-mei* ». Une telle approche correspond à la médecine traditionnelle orientale. Dans cette discipline, les médecins se concentrent sur *sei-mei,* l'auscultent, l'examinent — ils considèrent l'ensemble corps-esprit. Il leur suffit parfois de regarder le patient, de scruter son visage : les yeux, le teint, le timbre de la voix donnent un signalement à leur intuition aiguë. Quand je me tiens derrière vous pendant le za-zen, je distingue très bien ce qui chez certains ne va pas. Les maladies, surtout les maladies graves, viennent de la lassitude profonde non seulement du corps mais aussi du mental, c'est-à-dire de l'ensemble *sei-mei.* Si l'on marche beaucoup, par exemple, ou si l'on dort peu, du moment que le corps seul se fatigue, on ne tombe pas malade. Le repos est rapidement réparateur. Quand l'esprit est paisible et clair, on veut travailler, agir, participer : le corps suit, et il n'y a pas de maladie. Si en revanche l'esprit est agité, anxieux, compliqué, l'être est divisé, il s'use et se fatigue en profondeur. On peut tomber réellement malade.

Comment acquérir un fort *sei-mei ?* Le Yoga, la marche, des habitudes d'activité, une vie naturelle, accordée au rythme des saisons, et une nourriture saine et simple vont en ce sens. Je crois que la voie la plus simple et la plus profonde pour avoir un *sei-mei* fort est de faire za-zen. Si vous pratiquez za-zen, votre corps devient chaud, vos yeux changent, ils apparaissent ensuite lumineux, profonds et calmes. Votre visage est reposé, votre teint s'éclaire et vous ressentez une grande énergie.

Notre corps, notre esprit existent éternellement. Ils sont *ku,* c'est-à-dire rien, et ce rien est tout, c'est-à-dire l'univers. Ayez un *sei-mei* fort en vous reliant à l'univers. Votre vie sera ardente, active et profonde.

## LE SAMOURAÏ ET LES TROIS CHATS

Un samouraï avait beaucoup de soucis avec une souris qui avait élu domicile dans sa chambre. Quelqu'un lui dit : « Il vous faut un chat ! » Il en chercha un dans le voisinage. Celui qu'il trouva était beau, fort, très impressionnant. Mais la souris se montra plus maligne et, plus vive que lui, se joua de sa force. Le samouraï adopta un second chat, très astucieux. Méfiante, la souris ne se montra plus, sauf quand il dormait.

Alors, on apporta au samouraï un autre chat, celui d'un temple zen. Il avait l'air distrait, médiocre, banal, il sommeillait tout le temps. Le samouraï pensait : ce n'est certes pas celui-là qui me débarrassera de la souris !

Or, le chat, toujours somnolent, tranquille, indifférent, n'inspira bientôt plus de crainte à la petite souris. Elle passait et repassait près de lui, sans plus faire attention. Un jour, subitement, d'un coup de patte, il l'attrapa.

Aussi banal est le moine zen.

### LE ZEN ET LA SOUFFRANCE

Le Zen est souffrance, plonge dans la souffrance. L'homme d'aujourd'hui veut échapper à la souffrance, aussi il devient faible, sans défense, sans résistance à l'égard du stress de la vie moderne. Le Zen ne conseille ni de fuir ce qui peut être dur à supporter ni de le rechercher. Il est un retour aux conditions normales de l'être, corps et esprit. L'énergie s'accroît. On acquiert une vigilance, une attitude juste qui mettent les choses à leur place exacte, celle qu'elles doivent avoir, sans que l'imagination les aggrave. La référence à l'équation vie-mort est constamment présente dans le Zen. Elle donne un esprit et une grande force physique et morale dans la vie quotidienne.

Des expériences ont été faites et des études menées à l'université de Tokyo par le professeur Kasamatsu. Les résultats ont été publiés dans la *Revue Scientifique Internationale* en 1971. A Paris, au laboratoire de Recherche de l'hôpital Sainte-Anne, des expériences d'électro-encéphalogramme ont donné des résultats identiques. L'électro-encéphalogramme décrit un rythme alpha persistant pendant toute la durée du za-zen, révélant un état d'attention diffuse alors que le cortex est en complète relaxation. Les variations de l'électro-encéphalogramme de la paume indiquent un accroissement et une régulation de l'activité des fonctions du système neurovégétatif, liés à l'activité des structures profondes sous-corticales. Si le cortex est au repos, le cerveau primitif, lui, est actif. Pendant la pratique de za-zen, l'augmentation du débit sanguin apporte plus d'oxygène aux tissus, l'action du système nerveux autonome se trouve augmentée, la norépinéphrine est sécrétée en abondance, ce qui freine la production d'acide lactique (1) et favorise l'apparition d'un état de calme, de détente. Il y a simultanément éveil et diminution du métabolisme basal et de la tension.

Pendant le za-zen, il n'est pas nécessaire de respirer souvent — la respiration s'allonge progressivement. Avec de la pratique, il n'est plus besoin que de deux ou trois respirations par minute. La méthode de respiration est un important facteur de développement de l'énergie. Au début, la posture est douloureuse, on a mal aux genoux, aux chevilles. Mais avec l'entraînement cette souffrance, plus ou moins forte, diminue. On acquiert de la résistance, de l'endurance, de la patience — et surtout on apprend cette respiration centrée sur la longueur de l'expiration. Le centre de gravité du corps se déplace des régions supérieures vers le bas de l'abdomen, et c'est là que se développent alors l'énergie, la force, la solidité, la résistance — à la fois de la posture et de tout le corps. Un massage naturel se fait sur les organes internes par la respiration. On s'aperçoit rapidement aussi que pendant l'expiration toute douleur décroît.

Dans la vie courante, si l'on a pris cette habitude, une douleur peut être maîtrisée grâce à de longues expirations. C'est très efficace. Mais l'habitude doit être prise, pour qu'on y ait recours automatiquement. Un fait à souligner est

---

(1) On sait qu'il se fabrique beaucoup plus d'acide lactique chez les gens angoissés et nerveux.

l'accouchement facile des jeunes femmes qui ont l'habitude de cette respiration profonde. L'accouchement se fait aisément, sans angoisse, et le bébé est très calme. Depuis six ans, nous avons pu observer de nombreux cas au *dojo*. La plupart pratiquent za-zen jusqu'au jour de l'accouchement. L'entraînement au za-zen est d'abord acceptation de la souffrance, puis diminution et disparition de la souffrance.

Quelle est l'origine de la douleur ? Bien sûr, il peut y avoir un organe malade, une contraction quelque part ou une inflammation. Mais ce qui fait percevoir la douleur est mental. A partir du moment où l'on sait calmer le mental, en laissant passer les pensées et en se concentrant sur la posture et la respiration, l'esprit devient paisible et la douleur se calme.

L'entraînement au za-zen est un entraînement à l'acceptation de la douleur. En général, quand on ressent quelque chose de pénible, on veut s'enfuir. Les débutants en za-zen ont mal, un peu, moyennement ou même beaucoup. Même avec de l'expérience, parfois des douleurs se réveillent. On ne se lève pas, on passe outre, on n'y pense pas, si bien que cela devient une habitude forte, un entraînement à l'effort par la pratique et dans la pratique. Petit à petit, inconsciemment, on résiste beaucoup mieux aux agressions du monde extérieur ou aux malaises intérieurs qui peuvent survenir. On n'y attache plus d'importance particulière. Cela ne veut certes pas dire que, si l'on pratique le Zen, il ne faut plus tenir compte d'un symptôme, quel qu'il soit, et ne pas savoir se soigner. Au contraire, on développe en même temps une sensibilité plus affinée, une intuition plus aiguë, et l'on peut donc être alerté plus vite par une perception de trouble. Mais on ne souffre pas plus qu'il ne faut, si l'on peut dire, il n'y a pas de dramatisation, de sentimentalité sur la douleur. Une autre observation peut être faite : on ne ressent pas une douleur profonde sur deux points à la fois. Dans le *dojo*, on peut donc se détendre, se décontracter en demandant de recevoir le *Kyosaku*. Le bref coup porté sur l'épaule déplace la sensation douloureuse et détend le système nerveux.

La souffrance est alimentée, entretenue ou accrue par la

rumination du mental. Souffrir, c'est toujours penser que l'on souffre. Et alors on souffre plus encore. Tout ce que nous avons relégué, refoulé dans les profondeurs de notre être et que nous avons oublié, peut être soudain réveillé par un choc subit, par la sollicitation des circonstances. Ce contenu revient et devient souffrance, ou accroît automatiquement, multiplie considérablement, parfois d'une manière complètement intolérable, une petite blessure d'amour-propre telle que la vie en provoque forcément. Pendant le za-zen, la pensée consciente est pratiquement arrêtée, non entretenue, la conscience devient paisible, tranquille, réceptive. Alors la posture très forte, l'atmosphère du dojo, l'enseignement du Maître, l'entraînement à la respiration profonde créent un climat dans lequel on ne pense ni ne souffre. On vit dans les profondeurs de soi-même, là où tout est silence, vide absolu. On coupe les racines de la souffrance. Et le Maître répète sans cesse · vous devez devenir semblables à l'homme mort qui repose dans son cercueil. Par cette éducation, les choses reprennent la place relative qu'elles doivent avoir. Pendant le za-zen, les conditions dans lesquelles le Maître se place pour donner son éducation sont semblables au temps de la mort, à l'instant de la mort. Rien n'est tellement important face à la mort.

*Minuit est lumière.*

## LE VIEIL ARBRE MORT AU CŒUR DE LA MONTAGNE

Le vieil arbre mort au cœur de la montagne
précipite son corps
au-dessus de l'abîme sans fond.
Poli par le vent,
lavé par la pluie,
dénudé par les tempêtes,
il a traversé dix mille hivers.
Seule subsiste l'essence de l'arbre.
Même si nous l'attaquons à la hache,
nous n'en trouverons pas l'essence.
Il est splendide.
Pas de fleurs, pourtant, pas de feuilles, pas de branches,
pas d'écorce, pas de sève.
Il est complètement sec, il a accumulé l'essence
de son expérience séculaire.
Le dojo zen s'appelle aussi : dojo des arbres morts.
Qu'est-ce que cela veut dire ?
Tout arrêter, abandonner toute espèce de pensée consciente,
sans but, sans désir de devenir bouddha ou dieu,
sans bien ni mal.
Za-zen est l'arbre mort.
Za-zen n'est ni une technique de bien-être ni une carrière sociale,
il est au-delà, bien au-delà.
Il se dresse au-dessus des nuages comme le sommet de la montagne.
La vie de l'homme est comme un océan agité par les vagues,
il y a de petites vagues et de grandes lames,
certaines embrassent le récif puissant.
Les hommes, sur la plage, ne voient que le flux et le reflux
des vagues.
Ils ne voient pas le grand océan.
Après que l'oiseau a chanté,

la montagne est encore plus silencieuse.
Créer, pratiquer, expérimenter ici et maintenant
la vieille, l'éternelle vérité, dans toute sa fraîcheur,
tel est l'esprit du Zen.

# Koans

### PASSER SUR L'AUTRE RIVE

Le Zen est toujours contradictoire. Il ne se satisfait pas de l'aspect commun des choses. Il attire le regard sur leur face cachée, sur l' « autre réalité », qui n'apparaît pas directement, et que l'on ne peut appréhender avec la seule pensée. Pour cela il use d'un procédé assez caractéristique, qui est le *koan*. Le sens originel du mot est loi, principe de gouvernement. De *Ko* : gouvernement, *an* : loi, règle. *Koan* veut donc dire : principe, règle originelle, loi absolue de justice, qu'on ne peut changer. Le *koan* est un moyen d'éduquer le disciple, de lui faire acquérir ce principe absolu, d'inciter sa conscience à s'ouvrir à une dimension nouvelle. Un *koan* peut paraître absurde au sens commun ; avec l'expérience profonde on le comprend et on en saisit l'essence universelle.

L'école Rinzaï a particulièrement développé la pratique du *koan*. Les moines Soto ont critiqué les *koans* Rinzaï, et réciproquement. En réalité, les grands Maîtres sont fondamentalement d'accord, ils ont la même compréhension des choses, et leur voie est une.

Pour sa part, l'école Soto n'exclut pas le recours au *koan*. Il arrive que le Maître donne un *koan* pendant le za-zen, ou après la pratique en groupe. Parfois, c'est le disciple lui-même qui pose une question, et la réponse du Maître constitue un *koan*. Par exemple à la question « L'âme existe-t-elle ? », il répondra : « L'âme change tout le temps. » La réponse devient un *koan*, parce qu'elle oblige le disciple à réfléchir et à trouver la réponse en lui-même.

Le *koan* n'est pas nécessairement lié à une image poétique. A chaque instant, la vie quotidienne pose des *koans* qu'il nous faut résoudre en créant chaque fois une solution neuve, et bien souvent en allant jusqu'au bout de nous-mêmes. Il faut savoir apprendre à « ni céder ni reculer ». Souvent le maître zen, dans le Soto, utilise les circonstances de tous les jours prises dans la vie de chacun pour éduquer sans cesse, faire découvrir les plans profonds que l'intelligence déductive n'atteint pas par la logique courante, transmettre la sagesse du Zen. Cela se fait de façon naturelle. Mon maître se servait souvent d'images, non pas poétiques, mais tirées des circonstances ordinaires, et qui devenaient alors très profondes.

Ne nous y trompons pas ! La méthode du *koan* demande le même entraînement et la même concentration que l'art de tendre un arc et de laisser partir la flèche au bon moment ! Comme si, au bord du vide, il fallait abdiquer sa volonté. Plonger dans l'abîme avec décision et courage, affronter la mort pour mieux trouver la vie. Le *koan* se réfère à l'état de conscience profonde auquel on accède durant le za-zen. On ne doit pas méditer sur lui, au sens courant du terme, ou se le rappeler par la mémoire. Il faut le laisser pénétrer dans le subconscient. Il resurgira le moment venu, portant soudain l'esprit à une vision qu'il n'aurait pu atteindre par une suite d'actes conscients. Il ne faut pas faire du *koan* un concept intellectuel, mais le penser par le corps, avec toutes les cellules, jusqu'à ce qu'il devienne conscience du *satori*. Il ne peut y avoir rien d'autre qu'une compréhension intuitive. Un *koan*, c'est, essentiellement, l'esprit transmis par l'esprit : *i shin den shin*. Si l'on analyse un *koan*, si l'on tente de l'expliquer, il devient un objet pour la conscience. Il en est de même des livres : quelle que soit leur valeur, ils ne transmettent pas l'essence de la sagesse, même s'ils sont inspirés par Bouddha ou par le Christ. L'essence de la sagesse peut être trouvée par la concentration sur le vide omniprésent, pur et silencieux, où tout est vérité.

## D'ESPRIT À ESPRIT

L'essence des religions ne peut être transcrite. Les textes se répandent, mais ils sont comme les feuilles de l'arbre, c'est la racine qu'il faut atteindre. La véritable essence ne peut être transmise que d'esprit à esprit, de mon âme à ton âme, *i shin den shin*. Je n'ai longtemps utilisé en Europe que ce *koan*. Ceux que je cite depuis me viennent de mon maître. Ils sont généralement très simples, mais parfois aussi très poétiques. En voici quelques-uns, avec un bref commentaire, qui jette une lueur sur leur signification profonde, laquelle vous pénètre ensuite et devient votre substance, ainsi qu'une poignée de fleurs parfume l'habit entier.

*Le soleil de midi ne fait pas d'ombre.*

On ne peut comprendre le Zen par l'intellect.

*Chaud, froid, c'est vous qui l'expérimentez.*

Pratiquez, expérimentez.

*La courbe ne peut inclure la ligne droite.*

La posture est importante.

*Source profonde, long courant.*

La compréhension devient de plus en plus profonde par za-zen.

*La grande sagesse est comme la stupidité.*
*La grande éloquence, c'est le bégaiement.*

Il est inutile de se mettre en avant.

*Une seule main, pas de son.*
    Unir les contraires.

*Conquérir l'ego, suivre les gens.*
    Lorsqu'on abandonne l'ego il n'y a plus de séparation.

*Zen et thé, même goût.*
    Calme, concentration.

*Le kyosaku danse dans le vent printanier.*
    Éducation dans la liberté.

*Le bambou existe au-dessus et en dessous de son nœud.*
    Le Zen est une voie sans impasse.

*Le courant rapide n'a pas emporté la lune.*
    Toujours présent, l'ordre cosmique.

*Jour après jour, c'est un bon jour.*
    L'esprit, toujours content, aujourd'hui.

*Le vent calmé, les fleurs tombent encore.*
    Les phénomènes, les illusions sont inclus dans le calme.

*Les pins n'ont de couleur ni ancienne ni moderne.*
    La nature ne suit pas de mode.

*La lumière illuminée n'a pas d'envers.*
    Le Soi est au-delà de l'ombre.

*Les nuages blancs contiennent la montagne bleue.*
    C'est l'essence du Zen.

*La compréhension des écoles.*

*Par s'asseoir, couper.*

Comprendre est plus facile que pratiquer.

*Faire le thé et partir.*
*Mushotoku.*

*L'homme regarde la fleur, la fleur sourit.*

Le Zen est au-delà de la raison, de l'objectif et du subjectif.

*L'âne regarde le puits, le puits regarde l'âne.*
*Ne pas s'enfuir.*

Comme en za-zen, ne pas bouger, ne pas subir l'influence de l'environnement, mais rester en harmonie.

*Sur le* zafu *personne, sous le zafu pas de sol.*

Za-zen.

*Le cheval blanc pénètre la fleur de roseau.*

Je deviens vous et vous devenez moi.
Bouddha me pénètre, j'entre dans Bouddha.
L'Ego cosmique et l'ego deviennent unité.
Je pénètre les autres, les autres me pénètrent.

*L'homme regarde le miroir, le miroir regarde l'homme.*

L'objectif regarde le subjectif.

*L'heure me regarde et je regarde l'heure.*

Au Japon, dans les grands temples, l'heure est minutée très précisément.

*Au milieu de la nuit dernière, la lune merveilleuse à la fenêtre.*

La vie cosmique est venue me voir, est entrée en moi en za-zen.

*Quand Choko boit du saké, Rioko est saoul.*
> Interdépendance des êtres et des phénomènes.

*Méditer seul au centre du cosmos.*
> Inutile de se demander où se situe le centre du cosmos. Là où, ici et maintenant, on est assis, c'est le centre du cosmos.

*Dans le dojo de montagne, quand je médite tout est calme.*
*La nuit n'a pas de voix quand je m'assois calmement pour faire za-zen.*
*La montagne profonde, la nuit, un petit ermitage.*
*L'esprit droit, c'est le dojo.*
*La pluie lave, le vent polit.*
> Les difficultés forment le caractère et le purifient.

*Mâcher minutieusement, c'est impossible d'avoir faim.*
> On épuise la sève des choses.

*Les deux miroirs s'illuminent mutuellement.*
> D'esprit à esprit.

*La haine seule fait des choix.*
> Sépare.

*Mille choses sont à la fin une.*
> Tout revient à l'un.

*Un silence, un tonnerre.*
> L'alternance.

*Un de gagné, un de perdu.*
> Loi de la vie.

*Dans la main, la pierre illuminée.*
>On peut tout découvrir par soi-même.

*Maison pauvre, voie riche.*
>Vie simple, cœur profond.

*Les yeux horizontaux, le nez vertical.*
>L'ordre des choses.

*Les saules verts, les fleurs rouges.*
>La condition normale.

*Les vivants sont dans le corbillard, les morts suivent le cortège.*
>Les morts vivent, les vivants sont comme morts.

*Non anxieux ici, non ancieux toute la vie.*
>Heureux maintenant, toujours heureux. La vie est une succession d'ici et maintenant.

*Le mont Oro n'est qu'une montagne.*
*Le lac Shieki n'est que de l'eau.*
>L'endroit célèbre est un endroit normal.
>Si on y va une fois, on comprend.
>La vraie conscience transcendantale est l'état normal.

*Un cercle, la belle lune illuminée brille sur l'esprit du Zen.*
>Le cercle : le Tout.

*Dans le mont Sokei, il n'y a pas de traces.*
>Quand il eut transmis l'essence du Zen à Houeï-Neng, Maître Konin s'enfuit dans la montagne.
>La véritable intelligence ne laisse pas de traces.
>Nous devons abandonner notre intelligence.
>Un autre sens est : nous ne devons pas avoir de marques du *satori*.

La vraie haute personnalité ne sait pas qu'elle l'est.
A la fin, vous devez devenir comme des ânes : pas de traces sur le mont Sokei.

*Esprit libre, environnement libre.*

Si votre esprit est libre, tout est libre autour de vous.

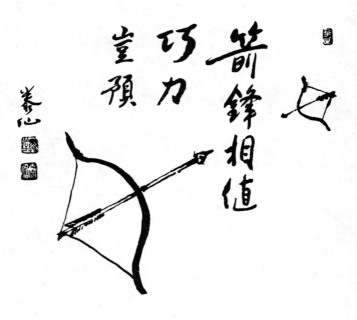

*Les deux flèches se heurtent en plein vol.*

# Textes traditionnels

Voici des textes traditionnels indispensables à une compréhension profonde du Zen. Ils s'offrent à être lus, relus, médités. Le premier est d'origine indienne, les deux suivants proviennent de l'âge d'or du Tch'an (VII$^e$-VIII$^e$ siècles en Chine), et les deux derniers sont de Maître Dogen.

## Hannya shingyo

ou *Makahannya haramita shingyo* (*Maha prajna paramita hridaya sutra* en sanscrit). C'est l'essence du *Sutra de la Sagesse Suprême*, l'essence d'un ensemble de *sutras* très développés que l'on trouve dans six cents livres.

## Shin jin mei

*Poème de la foi en za-zen*, écrit par Maître Sozan (mort en 606), le troisième patriarche du Zen, disciple d'Eka, lui-même disciple de Bodhidharma.

## Shodoka

*Chant de l'immédiat satori*, de Maître Yoka Daishi (649-713), qui fut disciple de Houeï-Neng. Poèmes 16 et 17.

## Fukanzazenji

*Pour la diffusion universelle des principes du za-zen*. Petit traité écrit par Maître Dogen (1200-1256) à vingt-huit ans, lorsqu'il rentra au Japon pour y fonder le Soto Zen. (Larges extraits.)

## ZA-ZEN SHIN

*L'Attention portée à za-zen*, ou *L'Esprit de za-zen*, encore traduit par l'image : *L'Aiguille d'acupuncture du Zen*. C'est l'un des quatre-vingt-quinze livrets du *Shobogenzo* (1), ou *Trésor de la vraie loi*, œuvre maîtresse de Dogen.

---

(1) Le résumé de l'ouvrage, avec des commentaires, et la traduction intégrale de trois livrets (*Bendowa*, efficacité du za-zen, *Shoji*, vie et mort, *Hachi daïnen katu*, les huit directives de philosophie pratique des grands Maîtres pour obtenir l'éveil) ont été publiés par le Courrier du Livre en 1970.

## HANNYA SHINGYO

*Essence du Sutra de la Sagesse Suprême
qui permet d'aller au-delà*

Le Bodhisattva de la Vraie Liberté, par la pratique profonde de la Sagesse Suprême, comprend que le corps et les cinq *skandas* (sensation, perception, pensée, activité, conscience) ne sont que vacuité, *Ku*, et par cette compréhension il aide tous ceux qui souffrent.

O Sariputra, les phénomènes ne sont pas différents de *Ku*, *Ku*, n'est pas différent des phénomènes. Les phénomènes deviennent *Ku*, *Ku* devient phénomène (la forme est le vide, le vide est la forme...), les cinq *skandas* sont phénomènes également.

O Sariputra, toute existence a le caractère de *Ku*, il n'y a ni naissance ni commencement, ni pureté ni souillure, ni croissance ni décroissance.

C'est pourquoi, dans *Ku*, il n'y a ni forme, ni skandas, ni œil, ni oreilles, ni nez, ni langue, ni corps, ni conscience ; il n'y a ni couleurs, ni son, ni odeur, ni goût, ni toucher, ni objet de pensée ; il n'y a ni savoir, ni ignorance, ni illusion, ni cessation de l'illusion ; ni déclin, ni mort, ni fin du déclin et de la mort, il n'y a ni origine de la souffrance ni cessation de la souffrance ; il n'y a ni connaissance, ni profit, ni non-profit.

Pour le Bodhisattva, grâce à cette Sagesse qui conduit au-delà, il n'existe ni peur ni crainte. Toute illusion et attachement sont éloignés et il peut saisir la fin ultime de la vie, le *nirvana*.

Tous les Bouddhas du passé, du présent et du futur peuvent

atteindre à la compréhension de cette Sagesse Suprême qui délivre de la souffrance, le *Satori,* par cette incantation (*Mantra*) incomparable et sans pareille, authentique, qui supprime toute souffrance et permet de trouver la Réalité, vrai *Ku* :

> *gya tei gya tei — ha ra gya tei*
> *hara so gya tei*
> *bo ji so wa ka*

Aller, aller, aller ensemble au-delà du par-delà, sur la rive du *Satori.*

## SHIN JIN MEI

*Poème de la foi en za-zen*
de Maître Sozan

### 1

La vraie Voie, l'essence de la Voie, n'est pas difficile, mais nous ne devons pas ne pas aimer ou choisir.

### 2

Si nous ne haïssons ni n'aimons,
elle (la Voie) apparaît clairement, distinctement, comme l'entrée d'une caverne sur le flanc de la montagne.

### 3

S'il se crée une différence de la grosseur d'un atome,
aussitôt une distance infinie sépare le ciel de la terre.

### 4

Pour réaliser l'éveil ici et maintenant,
nous devons être libérés de l'idée du juste et du faux.

### 5

Lorsque le juste et le faux se livrent bataille,
l'esprit est malade.

### 6

Si nous ne connaissons pas la profondeur de l'origine,
notre conscience s'épuise.

### 7

La vraie Voie est comme le cosmos infini,
rien ne lui manque, rien ne lui est superflu.

### 8

Dépendants du gain ou de la perte,
nous ne sommes pas libres.

### 9

Ne courons pas après les phénomènes,
ne nous attardons pas sur le vide.

### 10

Si notre esprit demeure calme, tranquille, dans sa condition
 originelle,
il s'évanouit, naturellement, spontanément, comme dans le
 sommeil.

#### COMMENTAIRE DE LA DIXIÈME STROPHE

*Si notre esprit demeure calme, tranquille, dans sa condition*
 *originelle,*
*il s'évanouit naturellement, spontanément, comme dans le*
 *sommeil.*

*Textes traditionnels*

Maître Kesan commente cette strophe dans les termes suivants :

*Les nuages blancs disparaissent, ils descendent,*
*Seule émerge la grande montagne verte,*
*Et, près d'elle, la puissance des autres sommets est éclipsée.*

Personne ne parvient au sommet
de la plus haute montagne.
Personne ne comprend ce lieu mystérieux.
Ni Bouddha ni Dieu,
aucun saint, aucun sage ne peut l'exprimer
par la vertu de l'éloquence,
ni même par le silence.
Étudiant profondément et poussant loin
nos recherches,
que nous arrivions en ce lieu,
même si nous regardons tout le jour,
c'est comme si nous n'avions pas d'yeux,
même si nous écoutons toute la nuit,
c'est comme si nous n'avions pas d'oreilles.
Mélodie d'une harpe sans cordes,
ou d'une flûte sans trous,
cette musique émeut les cœurs les plus froids,
son harmonie bouleverse l'esprit le plus ironique.
Le sujet et l'objet disparaissent tous deux,
l'activité des phénomènes et la profondeur de la sagesse
s'assoupissent.
Il n'y a plus d'anxiété, de projets, de calculs,
on ne pense plus.
Le vent tombe, les vagues disparaissent,
l'océan se calme.
Avec le soir, la fleur se referme, les gens s'en vont,
alors la paix de la montagne devient profonde.

*Si la forme est droite,
l'ombre sera droite aussi.*

## SHODOKA

*Chant de l'immédiat satori*
de Yoka Daishi
poèmes 16 et 17

Moi seul ici maintenant comprends cette vérité :
tous les Bouddhas, les corps de tous les maîtres,
sont semblables, sont une seule vérité.
Cette opinion, expression de la non-peur,
éclate comme le rugissement du lion.
Cent animaux entendent cette voix,
ils en ont le cerveau brisé.
Même le violent éléphant s'agenouille
et perd sa dignité.
Le grand dragon seul, dans le ciel,
sourit paisiblement et comprend.

Voyageant par mer ou lacs,
passant les montagnes et les rivières,
visitant les maîtres, les voies,
je fais za-zen.
Mais depuis que j'ai compris la voix de Sokei (1),
je comprends que la vie et la mort
n'existent pas
et ne sont pas différentes.

(1) L'enseignement de Houeï-Neng qui vécut dans le mont Sokei.

## FUKANZAZENJI

*Pour la diffusion universelle des principes du za-zen*
de Maître Dogen*

La Voie (1) est fondamentalement parfaite. Elle pénètre tout. Comment pourrait-elle dépendre de la pratique et de la réalisation ? Le véhicule de Dharma (2) est libre et dégagé de toute entrave. En quoi l'effort concentré de l'homme est-il nécessaire ? En vérité, le Grand Corps (3) est bien au-delà de la poussière du monde (4). Qui pourrait croire qu'il existe un moyen de l'épousseter ? Il n'est jamais distinct de quiconque, toujours exactement là où l'on est. A quoi bon aller ici ou là pour pratiquer ?

Cependant, s'il y a un fossé, si étroit soit-il, la Voie reste aussi éloignée que le ciel de la terre. Si l'on manifeste la moindre préférence ou la moindre antipathie, l'esprit se perd dans la confusion (5). Imaginez une personne qui se flatte de comprendre et qui se fait des illusions sur son propre éveil, entrevoyant la sagesse qui pénètre toutes choses, joint la Voie et clarifie l'âme, et fait naître le désir d'escalader le ciel lui-même. Celle-là a entrepris l'exploration initiale et limitée des zones frontalières mais elle est encore insuffisante sur la Voie vitale de l'émancipation absolue.

Ai-je besoin de parler du Bouddha, qui était en possession de la connaissance innée ? On ressent encore l'influence des six années qu'il vécut, assis en lotus dans une immobilité

---

* Traduction Daniel Guetault.
(1) Notes en fin de texte.

totale. Et Bodhidharma, la transmission du sceau jusqu'à nos jours, a conservé le souvenir de ses neuf années de méditation devant un mur. Puisqu'il en était ainsi avec les saints d'autrefois, comment les hommes d'aujourd'hui peuvent-ils se dispenser de négocier la Voie ?

Vous devez en conséquence abandonner une pratique fondée sur la compréhension intellectuelle, courant après les mots et vous en tenant à la lettre. Vous devez apprendre le demi-tour qui dirige votre lumière vers l'intérieur, pour illuminer votre vraie nature. Le corps et l'âme d'eux-mêmes s'effaceront, et votre visage originel apparaîtra.

Pour za-zen, une pièce silencieuse convient. Mangez et buvez sobrement. Rejetez tout engagement et abandonnez toute affaire. Ne pensez pas : « Ceci est bien, cela est mal. » Ne prenez parti ni pour ni contre. Arrêtez tous les mouvements de l'esprit conscient. Ne jugez pas des pensées et des perspectives. N'ayez aucun désir de devenir un Bouddha. (...)

Le za-zen dont je parle n'est pas l'apprentissage de la méditation, il n'est rien d'autre que le Dharma de paix et de bonheur, la pratique-réalisation d'un éveil parfait. Za-zen est la manifestation de l'ultime réalité. Les pièges et les filets ne peuvent jamais l'atteindre. Une fois que vous avez saisi son cœur, vous êtes semblable au dragon quand il arrive à l'eau et semblable au tigre quand il pénètre dans la montagne. Car il faut savoir qu'à ce moment précis (quand on pratique za-zen), le vrai Dharma se manifeste et que dès le début on écarte le relâchement physique et mental et la distraction (6). (...)

En outre, l'ouverture à l'illumination dans l'occasion fournie par un doigt, une bannière, une aiguille, un maillet, l'accomplissement de la réalisation grâce à un chasse-mouche, un poing, un bâton, un cri, tout cela ne peut être saisi entièrement par la pensée dualiste de l'homme. En vérité, cela ne peut pas davantage être connu mieux par l'exercice de pouvoirs surnaturels. Cela est au-delà de ce que l'homme entend et voit — n'est-ce pas un principe antérieur aux connaissances et aux perceptions ?

Ceci dit, il importe peu qu'on soit intelligent ou non. Il n'y a pas de différence entre le sot et l'avisé. Quand on concentre son effort d'un seul esprit, cela en soi, c'est négocier la Voie. La pratique-réalisation est pure par nature. Avancer est une affaire de quotidienneté.

Dans l'ensemble, ce monde et les autres, à la fois en Inde et en Chine, respectent le sceau du Bouddha. La particularité de cette école prévaut : dévotion à la méditation assise tout simplement, s'asseoir immobile dans un engagement total. Bien que l'on dise qu'il y a autant d'âmes que d'hommes, tous négocient la Voie de la même manière, en pratiquant za-zen. Pourquoi abandonner le siège qui vous est réservé à la maison pour errer sur les terres poussiéreuses d'autres royaumes ? Un seul faux pas, et vous vous écartez de la voie tracée toute droite devant vous.

Vous avez eu la chance unique de prendre forme humaine. Ne perdez pas votre temps. Vous apportez votre contribution à l'œuvre essentielle de la voie de Bouddha. Qui prendrait un plaisir vain à la flamme jaillie du silex ? Forme et substance sont comme la rosée sur l'herbe, la destinée semblable à un éclair — évanouie en un instant.

### NOTES

(1) La Voie *(Bodhi)* : éveil, illumination, réalité.
(2) *Dharma*. Selon la racine sanscrite : l'ensemble des processus qui régissent la vie cosmique. Les lois de l'univers, découvertes ou à découvrir. Désigne tantôt l'enseignement du Bouddha, tantôt toutes les existences, ou bien toutes les vérités, la vérité cosmique.
(3) Le Grand Corps *(zentai)* : la totalité des choses telles qu'elles sont *(tathata)*; la nature de Bouddha. Synonyme de Voie et de véhicule du Dharma.
(4) La poussière du monde. Il est fait ici allusion au vers de Houeï-Neng qui reçut de Houeng-Jen, cinquième patriarche, la transmission du Dharma et devint le sixième patriarche.
Chen-Hsiou, le premier disciple de Houeng-Jen et considéré par tous les autres moines comme son successeur légitime, avait écrit :

> « Ce corps est l'arbre de la Bodhi,
> l'âme est comme un miroir brillant.
> Veille à le tenir toujours propre
> sans laisser la poussière s'amasser sur elle. »

Houeï-Neng, admis quelques mois plus tôt seulement dans la communauté pour y broyer le riz et fendre le bois, osa répondre :

> « La Bodhi n'a pas d'arbre,
> le miroir brillant ne luit nulle part.
> Comme dès le premier moment il n'y a rien,
> où la poussière pourrait-elle s'amasser ? »

(5) Emprunté au *Shin jin mei (Poème de la foi en za-zen)*, du troisième patriarche Seng-ts'an (Sozan).

(6) *Konshin :* état de torpeur, assoupissement de la conscience caractérisé par la fatigue mentale et physique.

*Sanran :* dispersion, errances, manque de concentration physique et mentale.

Deux états qui, bien souvent, pendant za-zen, font obstacle à une pratique correcte.

## ZA-ZEN SHIN

*L'Esprit de za-zen*
de Maître Dogen

1. L'essence du Zen s'est transmise de Bouddha en Bouddha, et du Zen s'est transmise l'essence de Maître en Maître. Elle a été réalisée sans conceptualisation et accomplie sans causalité.
2. Puisqu'elle a été réalisée sans pensée, elle se crée naturellement intime.
3. Puisqu'elle a été établie sans relativité, son constituant est satori inconscient.
4. Puisque cette réalisation est naturellement intime, elle ne peut jamais être souillée ni impure.
5. Puisque son constituant est satori inconscient, elle ne peut être ni droite ni oblique.
6. Puisque cette intimité n'est jamais ni droite ni oblique, elle se dépouille d'elle-même inconsciemment. Sans autoconscience.
7. Puisque son satori n'est jamais ni droit ni oblique, il est de lui-même abandonné à ses propres moyens.
8. L'eau est pure et ainsi elle pénètre le tréfonds de la terre. Aussi quand le poisson nage dans cette eau, il est le Poisson.
9. Le ciel est vaste et transparent jusqu'au cosmos. Aussi quand l'oiseau vole dans le ciel, il est l'Oiseau.

*Textes traditionnels*

Lorsque l'esprit de l'homme est libre, il est l'Homme.
Stance de Maître Kodo Sawaki au sujet de *za-zen shin* :

> L'obscurité de l'ombre des pins,
> dépend
> de la clarté de la lune.

*Hishiryo.*

# TEXTES SACRÉS DU ZEN (CH'AN)

**HOKYO ZAN MAI**
Samadhi du Miroir du Trésor
de MAÎTRE TOZAN (807-869)

**SAN DO KAI**
L'essence et les phénomènes s'interpénètrent
de MAÎTRE SEKITO (700-790)

commentés et illustrés par le Roshi
TAISEN DESHIMARU

*Bodhidharma.*

# Introduction

De nombreux livres sur le Zen* sont publiés de nos jours. Ce sont, en général, des ouvrages d'une exactitude discutable, qui induisent en erreur un grand nombre de personnes quant à la véritable essence du Zen. Ces livres peu authentiques satisfont davantage le goût de l'exotisme du lecteur que son désir de comprendre réellement le Zen. En effet, les auteurs n'en connaissent pas les véritables écrits, transmis par les patriarches Bodhidharma, Eka, Sosan..., que personne n'a traduits et présentés dans leur essence originelle en Europe. Aussi ai-je décidé de commencer à publier certains textes majeurs du Zen, accompagnés de leurs commentaires.

Le *San Do Kai* et l'*Hokyo Zan Mai*, ces deux ouvrages primordiaux, sont peu connus en Occident. S'ils sont traduits sans commentaires, le sens profond reste dissimulé derrière les mots et les métaphores sous forme de *koan**.

Dans tous les temples Zen du Japon, chaque matin, les moines récitent le *San Do Kai* et l'*Hokyo Zan Mai*, même le plus petit temple caché dans la montagne perpétue cette tradition. Les enfants moines, les *shami*, connaissent dès leur plus jeune âge ces deux sutras. Ils doivent recevoir de la part de leur Maître de nombreuses lectures de ces ouvrages, qui ne sont pas seulement des sutras, mais la pure essence, la moelle

---

* Voir en fin de volume (Glossaire) l'explication des mots suivis d'un astérisque.

du Zen Soto. Pour accéder à la compréhension du Zen Soto, il est nécessaire de lire et d'étudier avec justesse ces deux textes.

A notre époque, la crise de l'existence humaine atteint un point culminant. Suivre l'ordre des choses d'une manière excessive, ou le casser avec passion, nous amène dans les deux impasses du sous-développement et de la surconsommation. Sur notre globe règne la dualité surproduction et sous-production. La liberté folle dans la surabondance y côtoie la contrainte dans la pénurie. Comment peut-on résoudre cette crise, cette contradiction ? Aucune politique, aucune philosophie, aucune religion n'a apporté de solution pratique et concrète. Il y a de nombreux siècles, le Zen avait pourtant déjà apporté la clef, avec les textes du *San Do Kai* et de l'*Hokyo Zan Mai*.

*San* est la différence, l'existence, le phénomène ; *Do* l'égalité, l'essence, la vacuité. *Kai\** est plus que la synthèse, c'est la notion de fusion, de mélange, d'interprétation. Harmonie avec l'ordre cosmique.

Comment trouver *Kai ?* Kai est résolu dans le *San Do Kai* et l'*Hokyo Zan Mai*. En lisant ces textes, en les comprenant réellement, nous pouvons réaliser *Kai,* condition normale de l'esprit.

Comment réaliser la conscience la plus haute, originelle, de l'être humain ?

Comment résoudre la crise de notre civilisation actuelle, déchirée par les contradictions ?

Taisen Deshimaru
Dojo de Paris, le 4 septembre 1975.

Ho Zan Mai : *le Samadhi royal.*

# HOKYO ZAN MAI
## Samadhi du Miroir du Trésor
## de
# MAÎTRE TOZAN (807-869)

Hokyo Zan Mai signifie : le Samadhi du Miroir du Trésor. *Samadhi* veut dire concentration, et son sens ici est : concentration en za-zen. Secret jusqu'à maintenant, l'*Hokyo Zan Mai* est un livre essentiel.

Il est nécessaire de connaître ce texte pour devenir moine Soto, et de le comprendre parfaitement pour devenir maître Zen. *Le Samadhi du Miroir du Trésor* est le chant de la concentration en za-zen. L'*Hokyo Zan Mai*, comme le *San Do Kai* et l'*Hannya Shingyo\** sont récités par les moines tous les matins dans les temples Soto Zen. Ils appellent ces trois *sutras\** l'essence secrète du Zen Soto.

Ces *sutras* sont très difficiles à saisir ; et même la plupart des moines qui les récitent, tous les matins, ne peuvent les comprendre profondément ; et il en est de même des professeurs. Un poème ou un chant, surtout lorsqu'il est aussi antique, est très difficile à expliquer par la grammaire ou la lecture ordinaire. La pensée de Maître Tozan, désirant expliquer l'esprit du Zen, s'est trouvée limitée par les idéogrammes. Il en est de même aujourd'hui pour l'esprit du Maître ; nous devons voir derrière ses mots, creuser pour arriver au fond de l'esprit. Et cela par notre pratique du za-zen.

Tozan est donc né en 807, en Chine, à l'ouest de la rivière Yan Po. C'est le onzième patriarche depuis Bodhidharma. Son Maître de la transmission fut Ungan Donjo (782-841). Pour-

quoi a-t-il écrit cet *Hokyo Zan Mai* ? Grâce au hasard suivant :
Un jour, pendant l'un de ses voyages, il est passé sur un pont. Il a regardé l'eau qui coulait et a composé ce poème :

> « Ne cherchez pas la voie chez les autres
> dans un endroit éloigné
> la voie existe sous nos pieds.
> Maintenant je vais seul...
> Mais je peux le rencontrer partout ;
> il est maintenant certainement moi,
> mais maintenant je ne suis pas lui.
> Aussi, quand je rencontre quoi que ce soit,
> je peux obtenir la liberté véritable. »

Ce poème a servi de base à l'*Hokyo Zan Mai,* et plus particulièrement au dixième verset, il est devenu la source de ce chant.

Les écrits Zen nous rapportent l'histoire suivante au sujet de la mort de Tozan. Il est mort relativement jeune, à soixante-trois ans. Juste avant sa mort, il s'est rasé lui-même la tête, a revêtu son plus beau *kesa**, et a ordonné à ses disciples de sonner la grosse cloche extérieure ; il est mort en écoutant le son de cette cloche. Ses disciples se mirent à pleurer. Alors, Maître Tozan s'est relevé et leur a dit :

« Mes très chers disciples, pourquoi me pleurez-vous ? Vous ne devez pas être attachés au corps et à l'esprit. Telle est la véritable pratique du moine Zen. Pourquoi vous attristez-vous ainsi ? »

Il demeura encore avec eux une semaine, et, le huit mars, après son bain, il est mort en posture de za-zen. Malgré l'arrêt du cœur et de la respiration, sa posture ne s'effondra pas.

Parmi les livres de commentaires sur l'*Hokyo Zan Mai,* un seul est juste et profond : c'est l'*Hokyo Zan Mai Suisho* de Maître Menzan. Menzan est né dans le Kyushu, en 1683, et mort en 1769. A partir de la soixantaine, il s'est concentré uniquement sur les écrits et les commentaires des textes majeurs du Soto Zen. A notre époque, seul Kodo Sawaki* a

*Hokyo Zan Mai*

eu une grande connaissance des commentaires de ce Maître. Ces études ont pour base les commentaires de Maître Menzan, et sa grande pratique du za-zen. Mes commentaires reposent sur ceux de Kodo Sawaki, sur ses nombreux cahiers de notes, et sur les livres originaux de Menzan. Les commentaires de Menzan sont courts, sous forme de poèmes. Maître Dogen a également écrit en forme poétique, en particulier l'*Hei Koruku*, qui fait partie des *kusen** de Dogen dans son *dojo**. Ces *kusen* furent calligraphiés par les disciples après le za-zen. Maître Menzan s'est appuyé dans ses commentaires sur ceux de Maître Wanshi.

Aussi la filiation de mon *kusen* est-elle la suivante :

| | |
|---|---|
| TOZAN | 807- 869 |
| WANSHI | ? -1157 |
| DOGEN | 1200-1253 |
| MENZAN | 1683-1769 |
| KODO SAWAKI | 1880-1965 |
| TAISEN DESHIMARU | |

Baba... wawa... *premiers mots du bébé.*

# 1

Sans erreur, sans doute, comme cela est le dharma.
Bouddha et les maîtres de la transmission n'en ont pas parlé.
Maintenant vous pouvez l'obtenir.
Aussi, je vous en prie, conservez-le intact.

Ce poème traite du *dharma\** qui est l'enseignement absolu du *Bouddha\**, vérité cosmique. Le *dharma* absolu, sans erreur, est za-zen. Le Bouddha et tous les maîtres ont transmis ce *dharma* en silence. Les *sutras,* les *koans,* les conférences, la parole sont des moyens, mais, en dernier lieu, il n'y a besoin de rien. L'esprit du disciple et l'esprit du Maître doivent s'harmoniser, communier. Les deux consciences fusionnent.

« Chaque jour mon esprit et ton esprit communient,
ma conscience et ta conscience aussi.
Ils n'oublient pas.
Ils sont infinis.
Et, jour après jour,
ma conscience et ta conscience,
mon esprit et ton esprit,
se mirent l'un dans l'autre. »

Tel est l'enseignement du Maître au disciple, sans fin, éternel.
Dans les *sutras,* le moine Zen parle avec une langue sans os. Cela signifie qu'il doit parler dans toutes les directions, en embrassant les contradictions.
Aussi est-il écrit dans le *Shin Jin Mei\** :
« La foi est sans dualité,
la non-dualité est la foi. »
Maître Tozan trouva en marchant dans la montagne un ermite vivant dans une petite cabane. Il lui demanda les

raisons de sa vie, dans cette solitude. L'ermite lui répondit : « Autrefois, j'ai vu deux vaches qui combattaient, elles sont entrées dans la mer, et y ont disparu, toutes deux noyées. » Pas d'opposition, pas de dualisme dans notre vie.

Les conférences du Bouddha, les *sutras,* les *koans* parlent du *dharma,* mais, finalement, il n'y a qu'une vérité absolue : za-zen. Certaines personnes ne pratiquent pas za-zen, mais discutent au sujet de Zen et du bouddhisme. Elles sont comparables au chat jouant avec une pierre précieuse, ou au bébé qui s'amuse avec une montre. Si nous arrivons à retirer les étais en za-zen, nous pouvons découvrir la charpente. Cela est le *samadhi* de l'*Hokyo Zan Mai,* le Miroir du Trésor, secret du Zen, essence du bouddhisme.

Continuer za-zen ici et maintenant...

Lorsque Maître Dogen revint de Chine, il ouvrit un *dojo* à Uji, au temple de Koshoji, et il dit : « Je suis revenu au Japon, sans rien, les mains vides. Je n'ai rien au sujet du bouddhisme. » Et il conclut par cette phrase célèbre : « Une fois, en quatre ans, le matin unique du deuxième mois lunaire, le coq a chanté. »

## 2

La neige blanche
S'amoncelle sur le plateau d'argent.
La lumière de la lune enveloppe le héron blanc

Ils sont proches,
Mais non identiques.
Ils sont mêlés intimement,
Mais chacun comprend son état.

Dans ce deuxième poème, Maître Tozan explique en profondeur ce qu'est le *dharma*. La neige, le plateau d'argent, le héron blanc et la lumière de la lune sont différents.

Dans le *San Sho Do Ei**, Maître Dogen a écrit ce poème :

« La neige tombe sur les feuilles rousses.
Le long mois d'automne.
Qui peut exprimer cette scène avec des mots ? »

Ce ne sont pas seulement la neige ou les feuilles rousses qui sont belles ; la neige et les feuilles rousses sont belles ensemble. La neige blanche est vérité, essence (*ku**), les feuilles rousses sont phénomènes, différenciation. Les noms ne sont que pseudonymes : neige, héron, lumière de la lune, et non pas l'essence. Nous devons trouver l'essence, le *ku*, mais, pour cela, il nous faut trouver les phénomènes.

Vous vous opposez sans cesse : « Si un tel est bon, alors je ne suis pas bon. Si je suis bon, alors il n'est pas bon, il se trompe ! Parce que lui et moi ne sommes que des hommes ordinaires. » La lutte se fait à partir des différences, mais dans *ku*, il n'y a pas de différences.

# 3

La conscience
Ce n'est pas langage.
Si l'occasion se présente
Nous devons aller là aussi.

Ce poème expose les différences entre la conscience et le langage. Notre conscience diffère de notre langage, de notre façon de nous exprimer ; si nous désirons boire un café ou manger un gâteau, nous demandons au garçon ce que nous voulons. Ce garçon ne fait, pour ainsi dire, aucune erreur, et pour cela les mots suffisent. Mais dans le Zen, dire « prenons du thé » peut devenir un *koan* et revêtir une profonde signification. Dans un temple Zen, si un Maître nous demande de nous asseoir, ce « asseyez-vous », dit par le Maître, peut être un *koan* en lui-même. Un autre exemple : le *kwatz\** des Maîtres Zen est très loin du chant des corbeaux. Dans les temples Zen, pendant les *mondos\**, le Maître prononce parfois le mot *kwatz* ou le mot *to*, « silence ».

Dans le Zen, un langage vrai, exact et simple, se crée. Ce langage est comme les sons des temples ; cloche du réveil, bois d'appel, son des claquettes, bois du *mokugyo\**, gong, tambours du *samu\**, métal de la cuisine. On crée des sons, et quelquefois ce langage peut être poème ou chant. Ainsi certains *sutras* deviennent-ils des poèmes : tels le *Shin jin Mei\**, l'*Hokyo Zan Mai* et le *Shodoka\**, mais la véritable essence de l'esprit ne peut être exprimée par les mots. Les muets ne peuvent parler, pourtant ils peuvent expliquer de façon profonde leur conscience et leur esprit : la nécessité se faisant sentir, ils se servent de gestes. Dans le Zen aussi, on trouve beaucoup de gestes ! Qu'est-ce que le Zen ? Un claquement de doigts !

Les *haiku\** japonais ne sont pas vraiment des poèmes, mais des phrases de Zen, de brèves sentences. Exprimer la nature,

*Hokyo Zan Mai*

la saison, au rythme de 5 — 7 — 5, en anglais ou en français, se révèle pratiquement impossible. Voici un *haiku :*

« Un vieil étang
Une grenouille plonge
Le bruit de l'eau. »

Ce tout petit poème, très profond, ne comprend que trois phrases.

Maître Bassho, visitant un vieux temple, fut très impressionné par une scène d'un calme profond :

« Une vieille mare, la forêt, le za-zen du moine
dans le dojo, et, brusquement, dans ce
paisible après-midi de printemps,
une grenouille saute dans l'eau.
Plof ! »

Le son de l'eau rompit l'immobilité de l'atmosphère.

Et, après le plongeon de la grenouille, tout redevint silence !

Le sens profond de ce *haiku* est le silence parfait. Accaparés par la vie quotidienne, nous ne pouvons sentir réellement ni les bruits ni le vrai silence.

Mais, par la pratique du Zen, nous pouvons expérimenter ce véritable silence.

Ces poèmes Zen atteignent une grande profondeur. Matière du non-conscient, les phrases, authentiques, surgissent d'avant notre vie et notre mort, elles viennent du cercueil, d'avant la matière, avant l'esprit, et comprennent le cosmos illimité, infini, éternel. Le silence est tout, et il vient automatiquement, naturellement, inconsciemment.

Dans le temple d'*Avallon\**, j'ai composé ces *haiku :*

« Après za-zen
Je brûle quelque encens
Un soir de printemps. »

« Sous les nuages sans conscience
Je bêche la terre du champ et je sème le grain
Près du village du moulin. »

Comme dans la peinture *sumie\**, on se doit de comprendre l'espace, pendant une conversation nous devons intégrer le silence.

« Sur la plage de sable,
Des traces de pas.
Long est le jour de printemps. »

Une pièce trop décorée devient lourde, tandis qu'une pièce sobre est signe de pure beauté. Ainsi, dans le *haiku,* comme dans les réponses du *mondo,* l'expression doit-elle être brève. Pendant le *mondo* quelquefois, dans mes réponses, il n'y a qu'un seul mot : « Non ! », « D'accord ! », ou alors je donne une longue explication. Un Maître peut alors répondre avec le *kwatz* ou avec les mains en donnant une gifle. Mais, dans tous les cas, le sens de la réponse est très profond.

Voici un autre *haiku* de Bassho :

« Silence,
La voix de la cigale
Pénètre le roc. »

C'est la saveur du Zen. Si vous ne considérez que les mots, la portée en est bien courte.

« Tranquillité.
Une feuille de marronnier tombe
Dans l'eau claire. »

Il nous faut aller derrière les mots. Il est dit dans le *Za-zen Shin\* :*

*Tori Tonde Tori No Gotoshi*
« L'oiseau vole dans le ciel,
Il a la liberté de l'oiseau véritable. »

*La tortue vit mille années.*

# 4

> Troublé par les mots,
> Vous tombez dans le gouffre.
> En désaccord avec les mots,
> Vous arrivez à l'impasse du doute.

Le disciple manquant de profondeur n'est touché que par les paroles du Maître. Également, le Maître, doutant trop de son disciple, ne pourra lui transmettre son éducation. Nous devons avoir la compréhension de l'au-delà des mots. C'est l'enseignement de ce quatrième poème. Par les mots, comprendre ce qu'est la conscience ; l'important est ce que l'on veut dire, et non ce que l'on dit. La plupart des personnes, esclaves des mots, s'y laissent prendre.

Dans le *mondo*, la réponse du Maître n'est pas une réponse dite d'examen. Le Maître doit avoir une compréhension complète du disciple, comprendre l'état de conscience par la couleur de ses yeux, de son visage, comprendre par intuition... Si nous sommes troublés par les mots, nous ne pouvons ressentir le véritable état de conscience caché derrière eux, et nous tombons dans un gouffre. Si nous doutons de ces mots, nous arrivons dans l'impasse du scepticisme. L'importance essentielle du *mondo* vient de la mise en pratique de ces points.

Comprendre la conscience de notre interlocuteur... Si le Maître est troublé par les mots du disciple, il ne peut comprendre sa volonté ni sa conscience. Pendant une conversation, nous devons pouvoir saisir la pensée de notre interlocuteur, lire dans son cerveau, sans être influencés par ses mots. Le Maître Zen comprend dès la première parole et par le ton de la voix. Le langage n'est pas si important. Certaines personnes ne s'expriment qu'en langage diplomatique. Elles s'excusent... elles s'excusent, et leur esprit s'échappe. Le langage peut tourner en vaine discussion, c'est pourquoi le Maître Zen a toujours un bâton !

Ne pas laisser de traces par le langage.

Le silence est ce qu'il y a de mieux.

Aller à l'encontre,
Toucher,
Ni l'un ni l'autre ne valent,
Cela est comme une boule de feu.


« Si nous voulons attraper ou toucher
Un chat,
Celui-ci s'échappera... »
Mais, à l'opposé, si nous haïssons ou détestons ce chat, il s'échappera également. « Ni l'un ni l'autre ne valent. » Ainsi :
« Trop aimée, la femme s'échappe...
Mal aimée, elle s'échappe aussi ! »
C'est un problème de conscience, intérieur à notre esprit, c'est le problème de la boule de feu :
« Si on la touche, elle brûle
Si on s'éloigne d'elle
Il n'y a plus assez de chaleur. »
La conscience pendant za-zen est un point essentiel et difficile.
Qu'est-ce que l'état d'*Hishiryo**? Qu'est-ce que la véritable concentration? Je répète toujours... « *mushotoku** »... « *inconsciemment* », « *naturellement* », « *automatiquement* ». A droite, à gauche, il est difficile de choisir. Limiter, enfermer dans les catégories, c'est tomber dans les contradictions. Il ne faut pas rechercher le *satori**, ni vouloir couper ses illusions. Tout doit être naturel, automatique, inconscient. Si l'on fait za-zen, on peut parvenir à cet état d'esprit.
Qu'est-ce que « *cela* »? C'est le *dharma*. Le *dharma* est une boule de feu, la vérité, *samadhi* du miroir précieux : za-zen, *satori*. Aussi, ne devons-nous ni nous échapper du *satori* ni le toucher. Ne pas nous perdre. Cela ne s'applique pas seulement au *satori*, mais aussi à tous les principes de notre vie.

Qu'est-ce que la Voie du Milieu ? Quel est donc le secret des Arts Martiaux ?

« De toute chose
Il ne faut ni courir après
Ni vouloir s'en échapper. »

N'avoir aucune pensée de victoire ou de défaite pendant la pratique, telle est la grande contradiction des Arts Martiaux, mais aussi leur secret.

Il est difficile de s'exprimer, de comprendre, de donner une réponse juste par de simples mots.

Dans un « comic » japonais, nous trouvons l'histoire suivante : Un soir, un homme vient rendre visite à son ami. L'ami en ouvrant la porte dit :
« Oh ! Tiens... Yoshiko. »
L'homme lui rétorque :
« Pourquoi me dis-tu Yoshiko ? »
Aussitôt l'autre lui répond :
« Si tu n'es pas Yoshiko... peut-être es-tu Kushiko ? »
Silence.
« Alors, qui es-tu ?
— Je suis moi », lui répondit son ami.

Ni le passé ni le futur ne doivent influencer nos pensées. Cela est sans utilité. « Ici et maintenant » est votre pensée. « Ici et maintenant », votre liberté.

C'est le « point du milieu ».

*Toucher* : si un homme désire une femme trop ouvertement ou trop rapidement, celle-ci s'échappera.

Ni toucher ni ne pas toucher : le véritable amour, ce n'est pas si facile.

En za-zen, un excès de pensées, ou bien un assoupissement sont des attitudes fausses. Alors, comment faire ? Les pensées ne doivent pas venir de la conscience personnelle mais simplement être inconscientes, naturelles, automatiques. Vouloir obtenir le *satori,* la vérité : la boule de feu se rapproche trop, c'est la brûlure ! S'échapper du *satori,* de la vérité : la boule de feu prend trop de distance, c'est le froid ! La Voie du

Zan Mai : *Samadhi*

*Hokyo Zan Mai* 151

Milieu, ni à droite ni à gauche, est une voie difficile, qui suppose l'abandon de toutes notions contradictoires.

Voici l'histoire de Tokujo, le passeur, et de son disciple Kassan. Pendant vingt ans, Tokujo reçut l'éducation de Maître Tosen en pratiquant za-zen avec lui. Avant sa mort, Tosen lui donna le *shiho**. Ensuite, Tokujo devint passeur, et, pendant trente ans, il attendit le vrai disciple. Le poème dit :

« Il voulait pêcher un grand poisson.
Mais aucun poisson ne nageait
Dans cette eau trop pure. »

Pour faire ses cannes à pêche, il avait coupé tous les bambous de la forêt, et il allait en replanter, quand, un jour, un homme du nom de Kassan arriva près de la rivière. Immédiatement, Tokujo comprit que cet homme était « le » gros poisson.

« D'où viens-tu ?
— Je viens de nulle part. »

Le disciple, lui aussi, était intéressant.

« Qui donc t'a éduqué ?
— Za-zen m'a éduqué. »

Il y eut un très grand *mondo*. Tokujo voulait connaître profondément ce nouveau disciple, et, en guise de réponse aux paroles de Kassan, Tokujo le jetait chaque fois dans l'eau.

« Tes réponses, même si elles sont exactes, ne sont pas justes, c'est comme taper sur un âne. »

Et, d'un coup de pied, Tokujo flanquait Kassan dans l'eau. Dès que Kassan ouvrait la bouche pour répondre, Tokujo criait :

« Je ne veux pas discuter avec toi ! »

Et plouf... le rejetait à l'eau. Kassan obtint un grand *satori*.

Alors Tokujo le sortit de l'eau et, doucement, lui prit la main.

« Cela fait trente ans que j'attends ce moment !
Aujourd'hui, un gros poisson a mordu à l'hameçon !
Ma pêche est donc terminée. »

Tokujo transmit le *shiho* à Kassan, et lui donna son *kesa*. Puis, brusquement, le bac se retourna, tuant Tokujo. Les histoires de la transmission sont toujours singulières. Par la suite, Kassan, le gros poisson, devint un très grand Maître Zen.

Quel est le véritable sens de cette histoire ? Pourquoi répondre par un langage compliqué ? Un seul mot ou geste suffit. Il faut répondre, mais sans se servir du langage. Car même si votre réponse correspond, elle ne sera pas juste. De même si elle ne correspond pas... Kassan a été rejeté à l'eau. Il a « bu la tasse ». Il a réalisé sa propre nature. *Satori*. Et le Maître, mort, s'est enfoncé au fond de la rivière. Za-zen, lui-même, est la boule de feu de l'*Hokyo Zan Mai*. Cela ne s'explique pas par le langage. C'est l'*i shin den shin\** de Tokujo à Kassan.

# 6

Si vous vous exprimez
Avec un langage décoré,
Cela est du domaine
Des souillures !

Penser avec sa conscience subjective personnelle est *bonno\**, illusion. Penser inconsciemment, naturellement, automatiquement (ces pensées s'élèvent du subconscient) est également illusoire. Mais ces pensées appartiennent au domaine d'*Hishiryo*. En za-zen, parfois, nous pensons par nous-mêmes, les illusions s'élèvent, et parfois il n'y a aucune pensée.

Pendant toute sa vie, sur son bac, Tokujo avait rencontré de nombreuses personnes, beaucoup d'entre elles avaient mordu à l'hameçon de sa canne de bambou. Mais, poussées par leurs illusions, elles avaient brisé la canne en voulant se décrocher de l'hameçon. Aussi, inlassablement, Tokujo allait-il dans la forêt pour en couper d'autres. Et, un jour, Kassan arriva sur la rive, mordit à l'hameçon, et ce fut le grand *mondo*. Les réponses de Kassan, malgré leur apparente exactitude, ne pouvaient être justes. Elles devaient, pour cela, jaillir de ses tripes, du tréfonds de lui-même. Ainsi sont les réponses zen.

En mathématique, le zéro ne peut engendrer aucun système numérique, tandis que tout autre nombre peut être choisi comme base pour un système numérique. Par exemple, dix est la base du système décimal. N'importe quel vecteur non nul engendre une droite vectorielle, tandis qu'un vecteur nul ne peut engendrer d'autre espace que celui qui le contient. Mais, dans le bouddhisme, notamment dans le *Shin Jin Mei*, le un est égal au tout, et les hypothèses deviennent nulles. C'est encore analogue avec le *Shiki soku ze ku* et le *Ku soku ze shiki* de l'*Hannya Shingyo*. « La forme est égale au vide. Le vide n'est autre que la forme. » Dans le *Shin Jin Mei*, on trouve : *Issai*

*Soku,* « Le un est égal au tout. Le tout est égal au un. »
   On peut dire aussi :
      « Tout est rien. Rien est tout.
      L'existence est *Mu'*, rien.
      Le Rien est l'existence.
      Bouddha est un être ordinaire.
      Un être ordinaire est Bouddha. »
   Aucune séparation :
      « Dieu, c'est vous.
      Vous-même êtes Dieu. »
   Aucune différence :
   *Shin Jin Fu Ni*
      « La foi est non-dualité.
      La non-dualité est foi. »
   La foi en toute chose est très importante. Si aucun doute ne surgit dans la conscience personnelle, celle-ci disparaît. Ensuite, dans la vie quotidienne, à partir de la conscience cosmique, la pratique de toute chose devient possible. Cette pratique devient elle-même *satori*. Et il n'y a nulle opposition, nulle séparation entre la pratique et le *satori*.

*Comme un sceptre de diamant.*

Minuit
Est la véritable lumière,
L'aube
N'est pas claire.


Ce septième poème est la véritable essence de l'*Hokyo Zan Mai*, et c'est en même temps un *koan*.
« La perte devient gain.
Le gain devient perte. »

★

« Le bonheur devient malheur.
Le malheur devient bonheur. »

★

« Si vous obtenez une chose,
Vous perdez une autre chose.
Si vous perdez cette chose,
Vous en obtenez une autre. »

Dans le *San Do Kai*, nous avons :
« La lumière existe dans l'obscurité.
Dans l'obscurité existe la lumière. »
« Ne voyez pas que le côté obscur.
Ils dépendent l'un de l'autre comme
Un pas en avant dépend du pas précédent. »
C'est une contradiction. Les personnes à la recherche de la Voie ne doivent pas avoir peur des contradictions.
Le *kusen**, enseignement oral du Maître pendant le za-zen, se révèle très efficace, car les disciples sont en posture de za-zen ; leur conscience, qui suit le système cosmique, entre alors dans l'état d'*Hishiryo*, pensée sans pensée. Ainsi leur compréhension ne vient-elle pas de leur conscience personnelle. Ce

*Hokyo Zan Mai*

n'est pas leur cerveau frontal qui enregistre, mais le thalamus. Cet enseignement y pénètre inconsciemment, naturellement, automatiquement. Même s'ils ne se souviennent pas de mon *kusen*, les paroles deviennent semences de *karma**. Dans dix ans, quinze ans, et même à l'heure de leur mort, ce *karma* pourra se manifester.

« *Minuit*
*Est la vraie lumière,*
*L'aube*
*N'est pas claire.* »

Mon Maître aimait beaucoup cette phrase et en soulignait la très grande importance. Il y a trente ou quarante ans, Kodo Sawaki avait ouvert un grand dojo dans le temple de Dai Kyu Ji, non loin de Tokyo, en pleine montagne. Chaque mois, pendant huit jours, il y dirigeait une *sesshin**. Kodo Sawaki, à l'époque, avait à peu près mon âge. On se levait tôt le matin, vers trois heures. Le nom du dojo dans ce temple : *Ten Gyo Dojo*, dojo de l'aube !

Notre conscience personnelle, nos illusions font obstacle à notre compréhension du système cosmique. On ne peut comprendre la vie Zen ni par le sens commun ni par l'intellect.

« Désigner le cosmos avec le pouce.
Un seul doigt levé inclut tout le cosmos. »

Nous devons nous harmoniser avec le système cosmique. Nous sommes nous-mêmes le cosmos. Intellectuellement, cela est difficile à saisir. Quand on appréhende le cosmos, notre globe — sans cesse en mouvement — paraît tranquille.

Il était une fois dans la Chine ancienne un très grand Maître Zen : Kiss. Son enseignement était d'une très grande sévérité et d'une grande dureté. Un dénommé Hun, accompagné de quelques amis, vint un jour le voir. Maître Kiss ne leur accorda pas la permission d'entrer dans le dojo : « Vous ne pouvez pas vous asseoir dans le dojo. » Pendant une semaine, un mois, ils firent za-zen dehors. Un jour, Maître Kiss apporta un seau d'eau froide, et, avec une louche pleine, leur en versa sur la tête. Mécontents, ils décidèrent de partir et s'enfuirent, pensant que ce Maître était stupide et complètement fou. Seul Hun était resté.

« Je suis venu de loin ; j'ai marché pendant plus de cinq mille kilomètres. Je suis ici pour trouver la Voie. Pourquoi devrais-je partir pour une coupe d'eau froide ? Comment pourrais-je m'échapper ? »

Maître Kiss lui répondit :

« Tu es un drôle de type ! Tu es venu ici pour chercher la Voie, quelle merveille ! A notre époque, il n'est pas courant de rencontrer des personnes comme toi venant chercher la Voie. Je pensais que tu étais venu ici comme un hippie, mais tu es courageux ! »

Hun resta dans le temple et devint par la suite cuisinier ou *tenzo**. La plupart des moines étaient fatigués, car Maître Kiss se montrait très dur et sévère pour ses *unsui**. Beaucoup paraissaient sous-alimentés. Hun le *tenzo* pensait que, durant les *sesshins**, il était pourtant essentiel de donner une bonne nourriture aux moines. Aussi, un jour, pendant l'absence du Maître, il déroba dans sa chambre la clef de la réserve, et y prit de la nourriture, qu'il prépara pour tous les disciples.

Maître Kiss arriva au moment du repas et, voyant le spectacle, entra dans une colère noire.

« D'où tenez-vous toute cette nourriture ? »

Et, immédiatement, il fit appeler le *tenzo* dans sa chambre :

« Qui t'a donné ça ? »

Hun répondit :

« Pardon, Maître. Pendant votre absence, j'ai pris la clef de la réserve, et j'ai apporté ces provisions que j'ai préparées pour tous les disciples. »

Maître Kiss lui cria alors :

« Tu n'es qu'un voleur ! Sors d'ici ! Dehors ! Et que je ne te revoie plus ! »

Mais Hun errait toujours autour du temple. Devenu mendiant, il demandait et redemandait sans cesse la permission d'y retourner :

« Je vous en prie, Maître. Excusez-moi ! Permettez-moi de rentrer dans le temple. »

*Hokyo Zan Mai*

Maître Kiss n'ouvrait toujours pas la porte !
Alors Hun se mit en za-zen dans le jardin du temple.
Maître Kiss vint le trouver et lui dit :
« Tu ne peux faire za-zen ici ! C'est le jardin du temple. Tu me l'empruntes et tu dois me payer. Très cher. Tu dois me donner beaucoup d'argent ! »

Et Hun, de nouveau, se mit à mendier et remit tout son argent à Maître Kiss... A la fin, il fut complètement épuisé de fatigue. Alors Maître Kiss le regarda longuement et profondément. Il lui dit :
« Là, maintenant, tu cherches vraiment la Voie. Entre ! »

Maître Kiss lui donna le *shiho*, et Hun devint par la suite le *godo\** du dojo. Hun connaissait le secret du Soto Zen. Il avait compris la contradiction de l'enseignement du Maître.

Les personnes qui cherchent la Voie ne se lassent jamais, ne s'arrêtent jamais. Elles sont dures et fortes. Elles ne suivent qu'une seule et unique lumière. Leur corps peut se briser, mais l'esprit garde toute sa force en suivant le système cosmique. Les contradictions incluent toutes choses ; il faut les abandonner : aller au-delà ! Si nous ne pouvons embrasser les contradictions, notre personnalité se rétrécit. Telle est la véritable éducation du Soto Zen. Le Maître comprend tout, il regarde l'esprit de son disciple. Si le disciple a la foi, la ligne de séparation, la dualité, la différence et les oppositions font place à l'unité entre maître et disciple.

« Le Maître est le maître,
le disciple est le disciple.
Mais le Maître est aussi le disciple,
le disciple est également le Maître. »

Les principes fondamentaux de la logique Zen sont radicalement différents de ceux de la dialectique qui, de Platon à Hegel et Marx, a régenté la philosophie occidentale. On les appelle *Go I* (*Go* : cinq ; *I* : principes), et ils articulent deux termes en cinq étapes. Soit A le premier terme : les phénomènes (*shiki\**), la notion d'oblique ou de différence ; B le second terme : l'essence ou le vide (*ku*), la notion de droite ou d'égalité. On a successivement :

1. A entre dans B.
2. B entre dans A.
3. B est B.
4. A est A.
5. A et B s'interpénètrent.

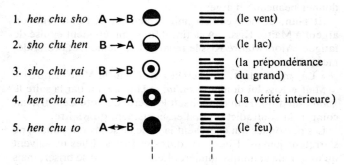

Présentation de... SOZAN et... TOZAN
Fig. 1. Les *GO I*

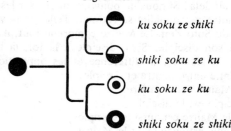

Fig. 2. Une approche des *GO I*

Le cinquième prince résume, synthétise et dépasse les quatre autres. Les *Go I* sont une clef pour comprendre le sens profond des textes Zen traditionnels.

Par exemple, dans le *San Do Kai*, on trouve :

« L'obscurité existe dans la lumière.
La lumière existe dans l'obscurité. »

Mais l'obscurité est l'obscurité, et la lumière est la lumière.

Ou bien, on peut dire : les illusions deviennent *satori*, le *satori* devient illusions ; cela dit, les illusions sont des illusions, et le *satori* est le *satori* !

Le cinquième principe, qui embrasse la totalité des rapports, est *Hishiryo*. Et, dans la vie quotidienne, l'homme est l'homme, la femme est la femme, mais, dans l'amour, l'homme entre dans la femme, la femme entre dans l'homme, et les deux s'interpénètrent.

Un jour, un moine demanda à Maître Fuyodo Kai : « Expliquez-moi, je vous prie " Minuit est lumière. L'aube n'est pas claire ". » Maître Fuyodo Kai répondit par ce poème :

« Ce bateau, déjà plein de marchandises,
On ne peut y mettre la lune.
Le pêcheur vivait dans les roseaux épais. »

Le pêcheur est le pêcheur, mais, dans les roseaux épais et denses, il ne peut voir clairement le lever du jour. Ce bateau, plein de marchandises, emporte pourtant avec lui la lune et sa lumière. Pourquoi vouloir la prendre ? Elle est déjà là naturellement, et inconsciemment. Il est minuit, la lune brille, inconsciente et naturelle.

Le pêcheur vit dans un milieu obscur. Comment pourrait-il apercevoir le soleil, à travers le rideau épais des roseaux ?

« Ce bateau naviguant la nuit,
Sous le clair de lune,
Dans un sillon d'argent lumineux.
La mer brille
Sous le clair de lune,
Et le paysage baigne dans la lumière. »

Le « côté » et le droit.

Cette phrase devient la règle du matériel.
Si vous l'utilisez,
Vous pouvez rejeter toutes souffrances
Et difficultés.

Quelle est cette phrase ?
« Minuit est la vraie lumière,
l'aube n'est pas claire. »

Dans l'*Hannya Shingyo*, nous trouvons : « *Kan ji zai bosatsu...* » Quand le Bodhisattva Avalikitesvara, pour réaliser sa véritable nature, pratiqua la plus haute sagesse, ayant regardé les cinq *skandas**, il comprit avec une réalité profonde que les éléments de notre corps et de notre esprit sont *ku* (existence sans noumène). Ainsi rejeta-t-il toutes souffrances et difficultés.

Il dit alors à Sariputra : « Dans ce monde, le phénomène (*shiki*) est *ku, ku* est également *shiki*. » Ainsi *ku* ne se différencie pas du phénomène, et le phénomène ne se différencie pas de *ku*.

« *Shiki* est *ku*
*Ku* est *shiki*. »

Lorsqu'on accède au sommet d'une montagne difficile à gravir, avec des muscles douloureux, les doigts abîmés par l'escalade, et la perspective d'affronter bientôt les risques et les difficultés plus grands encore de la descente, il ne s'agit pas de jouissance, mais de la plus grande joie. On peut à la rigueur parvenir à la jouissance sans acquitter le prix d'un travail rude et pénible, mais non pas à la joie, cette merveilleuse étincelle divine. Le manque de souffrance interdit l'accès au véritable bonheur.

La nourriture est dure à trouver pour les animaux sauvages. Dans notre société, les éléments du bonheur se transforment en faux bonheur. Et le *shiki soku ze ku* n'est plus perçu, les gens ne voyant pas au-delà des phénomènes. Nous devons tout comprendre réellement, profondément. Par cette compréhension, nous pourrons couper toutes les souffrances et les oppositions.

Mon Maître Kodo Sawaki disait toujours :

« Le satori authentique est non-profit.
L'illusion est profit.
Le satori est le satori.
L'illusion est l'illusion.
Le non-profit est le non-profit. »

Si notre vie devient *mushotoku, satori,* nous connaissons le véritable bonheur, dans la paix et la liberté.

Même si ce n'est pas sans conscience,
Ce n'est pas sans langage.
Mais si cela est inconscient,
Cela devient langage.

Cela, le *dharma*, peut devenir langage, plus clair même que le langage, car cela est au-delà des catégories conceptuelles. On ne peut expliquer ce qu'est *ku*. On ne peut l'expliquer par *shiki*. On peut expliquer ce qu'est *shiki* par le langage, mais *ku* est au-delà du langage. *Shiki* est visible, *ku* est invisible, au-delà des catégories. Si vous saisissez, si vous pouvez saisir les véritables faits, le langage se révèle inutile.

Le *Shin Jin Mei* reprend cette idée :

« Il n'est pas nécessaire de parler ni d'user du langage. Il faut comprendre derrière les mots, par le silence. »

Parler du sucre ne donne pas son vrai goût. Il faut en manger pour en connaître la saveur. Dans mes calligraphies, il y en a toujours une qui figure un cercle :

« Le vent pur,
La lune pleine de beauté,
Impossible de les peindre. »

Entre Bouddha et Bouddha, la vérité ne peut être expliquée, elle est au-delà de toutes les catégories.

Entre l'homme et la femme, dans un lit, le langage n'est pas nécessaire.

Le Zen n'a pas besoin de langage diplomatique. Cela se passe d'esprit à esprit, *mitsu*, intimement, profondément, secrètement.

Cette phrase signifie : Nous devons dans le Zen expliquer l'impossible par le langage, expliquer l'inexplicable avec des mots ! Il est difficile d'expliquer le Zen par le langage, pourtant le Maître le fait. Et Bouddha comprend les paroles de Bouddha.

« Le chemin du serpent dans l'herbe,
Seul le serpent le comprend. »

C'est *i shin den shin* — de mon âme à ton âme!

Maître Yoka, qui a écrit le *Shodoka*, était un moine Tendai\*. Après avoir étudié le bouddhisme Tendai, Yoka comprit finalement que le vrai bouddhisme s'apprenait *i shin den shin,* avec un maître authentique. Il alla donc rendre visite au sixième Patriarche Eno. Il arriva en faisant tinter une petite cloche accrochée en haut de son bâton de moine, et il resta debout devant Maître Eno.

Eno lui fit remarquer qu'un moine doit bien se comporter et que cela est important.

« Pourquoi es-tu là debout, ton sac sur les épaules? Pourquoi gardes-tu ton chapeau de moine sur la tête? Tu te tiens vraiment très mal! »

Yoka répondit :

« Tout passe vite. Le temps presse. La mort est proche. Je ne puis attendre. Il me faut résoudre, avec vous, le problème de la vie. »

Maître Eno lui répondit :

« Notre vie est éternelle. Nous devons aller au-delà de la mort, au-delà du changement. Pourquoi ne le fais-tu pas? Pourquoi ne connais-tu pas l'éternel inchangé? Il faut comprendre les deux. Toi, tu ne comprends que le temps qui passe vite... »

Mais Yoka était très fort dans les discussions, et à la fin Eno lui dit :

« *Nyoze, nyoze.* D'accord, d'accord! »

Et il donna l'authentification à Yoka, qui fut rempli de joie.

« Je comprends maintenant *i shin den shin.* Je peux retourner chez moi. Merci infiniment, Maître! »

Eno lui dit :

« Reste cette nuit dans mon temple. Pourquoi pars-tu si vite? »

Et Yoka coucha cette nuit dans le temple. Depuis, Yoka possède un autre nom : « Le *satori* d'une nuit. »

*Hokyo Zan Mai* 167

Yoka fut vivement impressionné par la réponse de Maître Eno. Cette réponse influença le premier poème du *Shodoka* :
« Cher ami, ne vois-tu pas cet homme du *satori*
qui a cessé d'étudier et qui est inactif ? »

Cela signifie que l'homme du Zen cherchant la vérité cesse les études et les actions conscientes, il ne pratique que za-zen, et si quelqu'un d'autre le regarde, il répond qu'il a beaucoup de temps. Il fait za-zen. Il s'assoit sans bouger.

Il nous fallut aller au *Mui**, l' « au-delà », sans artifice, inconscient, naturel. Un jour, devant 80 000 personnes environ, Bouddha demanda à Vima de bien vouloir faire un *mondo* avec Manjusri. Vima demanda alors à Manjusri : « Qu'est-ce que *Mui* ? » Manjusri répondit : « Le Bouddha a dit : " Un enfant est *Mui*. Le monde d'*Hishiryo*, la condition de la conscience d'*Hishiryo*, l'esprit d'*Hishiryo* sont *Mui*. " »

Un disciple demanda à Maître Yakusan : « Comment devons-nous penser en za-zen ? », et Maître Yakusan répondit : « Nous devons penser par la non-pensée. » Le disciple posa alors une autre question : « Comment peut-on penser avec la non-pensée ? » Et Yakusan répondit : « *Hishiryo*. » Par la suite, Maître Dogen se servit de ce mot dans son *kusen*. « Le monde d'*Hishiryo* est celui du Bouddha. » Silence absolu, comme en za-zen.

*Ce n'est pas sans langage.* Un langage est nécessaire. Ce langage sera comme celui d'un bébé, ou d'un muet. Langage secret du Bouddha. Un moine demanda : « De qui est-ce l'anniversaire aujourd'hui ? » On lui répond : « C'est l'anniversaire du beau-père de la femme du beau-frère de la sœur... Non ce n'est pas l'anniversaire de quelqu'un d'autre ! Aujourd'hui, c'est l'anniversaire de mon frère ! » La philosophie s'étouffe dans les catégories !

Maître Meizan nous dit : « La mélodie de *Bodhidharma** n'est pas une musique de flûte à cinq trous. Cette mélodie vient du ciel bleu. »

La mélodie de Bodhidharma est le Zen, elle ne peut être limitée par cinq ou vingt-cinq tonalités. Elle ne peut, non plus,

*Aider les êtres humains, plonger dans la souffrance.*

être mise en partition. En toute liberté elle a été créée dans le vaste ciel bleu. C'est une musique naturelle, sans cliché, au-delà de tout formalisme.

# 10

Comme en vous contemplant dans le miroir :
La forme et le reflet se regardent.
Vous n'êtes pas le reflet,
Mais le reflet est vous.

Les relations que le cosmos entretient avec la conscience, ou la sagesse, sont les mêmes que celles qui existent entre la forme et le reflet dans le miroir. Cette sagesse est traditionnellement symbolisée dans les dojos japonais par une statue du *Bodhisattva\* Manjusri,* porteur de la couronne de la sagesse. Sa couronne est composée de cinq Bouddhas, représentant les cinq directions, en résumant le cosmos :

1. Au centre, *Dainichi Bouddha* symbolise le soleil, la sagesse immanente, la conscience transcendantale.
2. A l'est, *Ashuku Bouddha* symbolise la paix, l'immobilité, la puissance et la force.
3. A l'ouest, *Amida Butsu* symbolise la vie universelle.
4. Au sud, *Hosho Bouddha* symbolise les trésors matériels (argent, or, diamant) et spirituels.
5. Au nord, enfin, *Fuku Bouddha* symbolise les phénomènes.

Si nous ouvrons un dictionnaire bouddhiste, au chiffre cinq (*go*), nous serons surpris par le nombre de significations qui y sont liées. Il y a les doigts de la main, les *Go I,* les cinq éléments (ciel, vent, terre, feu et eau), et les cinq sagesses créatrices :

*1. Sagesse d'Hishiryo ou sagesse du ciel.*
*2. Sagesse de la conscience Alaya\* ou sagesse du grand miroir.*
*3. Sagesse de la conscience Mana\* ou sagesse du monde phénoménal.*
*4. Sagesse de l'observation* qui permet de couper tous les doutes.

*5. Sagesse de la terre* liée aux cinq sens et à l'action.

La source naturelle et inconsciente de toutes ces sagesses est la pratique du za-zen, que symbolise le *Bodhisattva Manjusri*.

A chacune de ces sagesses correspond une attitude illusoire, un comportement erroné, qu'il s'agit de dépasser :

*1. Shinken :* attachement aux opinions, incapacité à comprendre. Ainsi, nous avons dans notre corps une source de vie, certains en déduisent qu'il existe une âme (*atman*), qui nous survit après la mort. Le Bouddha et, après lui, Nagarajuna disent que l'on ne peut poser ni l'existence ni la non-existence de l'âme.

*2. Enken :* opinions extrêmes. Par exemple, croyance en la vie éternelle après la mort, ou croyance au rien après la mort. Ce sont des opinions extrêmes. Comment savoir ? Personne n'en est revenu ! Ou bien, opinions tranchantes dans le domaine social, alors que rien n'est jamais totalement blanc ou noir.

« L'obscurité existe dans la lumière,
ne voyez pas que le côté obscur »,
dit le *San Do Kai.*

*3. Jaken :* opinions amorales ou immorales. Certains ne savent pas reconnaître le bien du mal. D'autres ont de mauvaises pratiques.

*4. Kenshin Ken :* opinions erronées provenant de données incertaines. Certaines pratiques religieuses ont une dimension peu élevée, ou débouchent sur la mortification. Un autre exemple : les deux erreurs de l'idolâtrie et de l'iconoclasme.

*5. Kaigen Chu Ken :* opinions fondées sur des préceptes erronés. Interdits religieux ou superstitions...

La pratique du za-zen peut nous faire trancher ces cinq variétés d'erreurs, et accéder ainsi à la compréhension et à la réalisation des cinq sagesses. En za-zen, au commencement, nous pensons avec le cerveau préfrontal, puis ces pensées du préfrontal s'épuisent, la conscience s'approfondit, pénètre jusqu'au cerveau primitif ou rhinencéphale, et le cortex entre dans une phase de repos. Ensuite nous pouvons atteindre le thalamus, le cerveau intuitif.

Comme sont les bébés dans le monde,
Ils ont les cinq caractéristiques :
Ils ne vont pas plus qu'ils ne viennent,
Ils ne surgissent pas... ne restent pas...
Ne parlent pas... Baba wawa...
Finalement ils ne peuvent obtenir leurs objets,
Car leur langage n'est pas juste.

*Baba wawa* sont les mots que prononcent les bébés, comme papa, maman, popo... Est-ce que ce sont des phrases... des mots... ?

Les bébés ne peuvent obtenir les objets qu'ils réclament, car leur langage n'est pas exact. En définitive, nous avons nous aussi complètement les cinq postures, comme les nouveau-nés en ce monde : ne pas aller, ne pas venir, ne pas surgir, ne pas rester, ne pas parler.

Quelle est la signification de ces cinq caractéristiques ? Toujours, nous retrouvons ce chiffre cinq. Cinq veut dire achevé, complet. Avec les cinq doigts, la main est complète.

Dans ce 11$^e$ poème, il est question des cinq attitudes et du langage. Cette phrase est inspirée du *Sutra du Nirvana*. Le bébé n'est pas troublé, ni soucieux. Le Christ aussi a dit : « Devenez semblables à de petits enfants. » Leur conscience est simple. Ils agissent automatiquement, naturellement, inconsciemment. Ils veulent s'exprimer par le langage, mais les parents ne comprennent pas *baba... wawa...* Au début, seule la mère a l'intuition du langage de son bébé. Les postures ne sont pas postures ; les actions des bébés sont primitives, donc inconscientes et naturelles.

Au Japon, une nonne célèbre, Taishin, disciple de Maître Ryokan, a écrit un poème très connu. Mon Maître Kodo Sawaki respectait beaucoup ce Maître qui vécut il y a environ trois cents ans. Ryokan ne voulait pas vivre dans un temple,

*Hokyo Zan Mai*

mais seulement dans un tout petit ermitage. Il était mendiant, et ses calligraphies, de nos jours, ont plus de valeur marchande que celles de Dogen lui-même et de l'empereur. Son disciple et assistante, la nonne Taishin, a composé et lui a dédié ce poème :

« Si je ne l'avais rencontré,
même en comptant dix fois dix,
peut-être ne pourrais-je comprendre cent. »

A l'époque du Bouddha, nous conte une histoire indienne, un roi accompagné d'une très jolie personne partit dans la montagne. Pendant que le roi dormait, la jeune femme s'enfuit et alla rendre visite à un ermite qui faisait za-zen dans un tout petit ermitage. Cet ermite recevait de nombreuses femmes... Le roi devint jaloux. Pourquoi les femmes sont-elles en contemplation devant cet ermite ?... et il se mit en colère contre lui. Il alla rendre visite à l'ermite, mais celui-ci avait une très grande patience. Le roi lui demanda ce qu'il faisait, et l'ermite lui répondit : « Je pratique la patience.

— Serez-vous en colère si je le suis après vous ?
— Non, jamais, dit l'ermite.
— Même si je vous tue ? demanda le roi.
— Non », répondit l'ermite.

Alors le roi le fit découper en morceaux, petit bout par petit bout, les doigts, les mains, les oreilles, les jambes...

Dans le *sutra* qui relate cette histoire, le nom du roi est « celui qui découpe en morceaux », le « découpeur ». Mais, fait curieux, l'ermite n'avait aucune blessure, et il ne mourut pas...

L'ermite avait une attitude non égoïste, non personnelle... Si nous n'avons pas d'ego, il n'est pas nécessaire de mourir. Si notre posture est égoïste, nous devons mourir lorsque quelqu'un à l'intention de nous tuer. C'est ce que nous dit le *sutra du diamant coupeur*. La non-posture, c'est la posture achevée, avec un total abandon de l'ego. Vous devez être comme un bébé, mais cela ne veut pas dire être un bébé. Les bébés sont sans peur, sans trouble, sans complication, ils sont très libres, ils jouent franchement, honnêtement, sans aucune attache.

Bouddha ne part pas vers les phénomènes, Bouddha ne demeure pas, Bouddha ne s'attache pas, les actions de Bouddha sont stables, elles n'engendrent pas de mouvements. Bouddha donna des conférences à d'innombrables personnes ; mais, en réalité, ce ne furent pas des conférences, mais des paroles libres. Les paroles du Bouddha sont très profondes, et sans aucune notion de catégories, paroles illimitées, et cette profondeur est l'infini du cosmos. De même les bébés n'ont peur de rien, ils sont libres, libres de parler. Comme le Bouddha. Mais les mots des enfants sont *baba... wawa...*

Notre conscience doit s'équilibrer entre le cortex, le cerveau profond et le thalamus.

En za-zen, le cerveau frontal et le cortex entrent en repos, tandis que les couches profondes, ou cerveau primitif, et le thalamus sont actifs. Le thalamus est influencé par les impulsions reçues du système nerveux autonome. Ce système nerveux reçoit des informations venant des muscles et des cinq organes des sens. Les muscles, en za-zen, sont en état de tonus fort, juste, exact, et ils exercent une influence sur les nerfs.

Les cinq sens se calment. Le cerveau dit intellectuel, toujours très actif dans la vie quotidienne, connaît un temps de repos. Au même moment, l'écorce primitive et le thalamus entrent dans une forte activité. Ces régions du cerveau peuvent être vues, à la lumière de la philosophie bouddhique traditionnelle, comme l'entrepôt des graines de mémoire. Lorsque nous pensons à quelque chose, une connection neuronale se crée, engendrant une « action » qui devient « graine » de mémoire dans le thalamus. Durant le za-zen, le cerveau frontal étant en repos, les semences entreposées dans le thalamus remontent en surface. Nous pouvons comprendre, par le mécanisme des rêves pendant le sommeil, ces remontées des semences entreposées. Mais, en za-zen, le cerveau ne dort pas, il est engagé dans une activité exacte et intense, si notre posture est juste. Au commencement du za-zen, le cerveau préfrontal et frontal entre dans une phase de repos, la conscience personnelle s'évanouit et, du cerveau primitif, les souvenirs anciens enfouis et entreposés se lèvent ; ces remontées s'arrêtent, puis elles reprennent... C'est l'état d'*Hishiryo*. Le cerveau est en unité avec le système cosmique.

*Baba... wawa... muku muku...*, ces mots correspondent aux sons que font les bébés japonais. Finalement, ils ne peuvent obtenir leur objet car leur langage est sans précision, mais aussi sans décoration, sans complication. Par la suite, ils désirent parler, et ils utilisent un langage direct, non rationnel, non ordonné, et, quelquefois, ce langage va droit à la source. Il est identique au Zen, direct, simple et sans complication. Le Zen va directement dans la réalité. Nous devons pointer directement dans la nature de Bouddha, sans détour, aller au-delà du monde du langage et de la pensée, au-delà du monde des sensations, être en fusion avec le système cosmique : c'est la conscience cosmique.

Le Maître demande au disciple :
« Que fais-tu ? »
Le disciple répond :
« Je ne fais rien. »
Le Maître :
« Tu fais za-zen mushotoku. »
Le disciple lui dit alors :
« Si j'avais répondu za-zen, cela aurait voulu dire que je faisais za-zen. »
Le Maître lui réplique :
« Tu fais quelque chose, pourquoi ce " ne rien faire " ? »
Le disciple dit alors :
« Même dix mille Bouddhas ne peuvent comprendre... »
Que signifie ce *mondo* ?

Même si nous répondons avec le langage, en dernier lieu ce langage n'est pas exact. On ne peut atteindre le fond de la question. Parler du feu n'en fait pas ressentir la chaleur. Parler du froid ne nous rafraîchira pas.

Même si nos paroles sont justes, quoi que l'on puisse dire, cela ne peut s'expliquer par le langage. Quelquefois le silence est plus fort que l'éloquence. Les enfants ne peuvent pas parler. Le Bouddha peut parler, il a expliqué de nombreux *sutras* et donné de nombreuses conférences, mais il a dit

*Montagne et rivière.*

finalement : « Je ne peux tout expliquer, j'ai terminé de parler, mais mes conférences ne sont pas achevées, elles ne sont pas la vérité totale. »
Le Zen, c'est planter une fleur sur la pierre...
C'est la plus haute, la plus grande des sagesses.

Les six lignes de l'hexagramme du " shuri "
Inclinent le jeu mutuel.
Néanmoins, la cause de l'établissement
Des trois résulte en cinq.

Maître Sozan emploie ici une métaphore reposant sur le système divinatoire du *Yi-King*

Dans la très ancienne méthode de divination du *Yi-King*, on se sert de cinquante baguettes d'achillée dont la manipulation, selon certaines règles très simples, produit une série numérique — qui elle-même donne naissance à un hexagramme.

Chaque hexagramme — il y en a soixante-quatre au total — combine des traits, *Yang* — ou *Yin* - - et est, en fait, la superposition de deux des huit trigrammes de base.

Lorsque l'on tire le *Yi-King*, les six lignes de l'hexagramme que l'on obtient inclinent le jeu mutuel : il y a une totale interdépendance entre l'oracle, le jugement de l'hexagramme, et la situation du consultant qui a manipulé les baguettes, naturellement, automatiquement, inconsciemment. L'oracle agit comme un miroir, il manifeste la situation ici et maintenant du consultant, dans le cosmos. Et, ce faisant, il influence la conscience, il incline le jeu mutuel.

Néanmoins, la cause de l'établissement des trois réside en cinq. En effet, l'une des règles très simples qui régit le *Yi-King* concerne le nombre de baguettes en reste après la manipulation. Or, s'il reste cinq baguettes, on compte quatre, et à quatre est attribuée la valeur numérique trois. ☰

De plus, le *shuri* est l'hexagramme du feu : ☲

Il représente le cinquième *Go I*, soit l'interpénétration de l'essence et des phénomènes, du vide et de la forme, de Bouddha et des existences, etc. Et la cause de l'établissement des trois bases des *Go I* (deux termes de la relation qui les unit) se transforme elle-même, résulte en les cinq principes.

Si l'être s'harmonise avec le cosmos, la conscience personnelle devient conscience cosmique. Et le cerveau, qui influence l'avenir pour l'éternité, devient nature de Dieu ou de Bouddha. Le cerveau, en za-zen, devient calme et disponible pour recevoir la véritable et profonde sagesse. Dogen nous dit, dans le *Fukanzazenji* : « Pensez sans penser... » Comment pense-t-on sans penser? Non-pensée (*Hishiryo*). Ceci en soi est l'art essentiel du za-zen. *Hishiryo* est la pensée de l'hypothalamus et du corps, et non celle du cerveau frontal.

*Hishiryo* est sans nuage et sans obscurité.

Les zones frontales du cerveau, et le cortex, qui correspondent aux facultés mentales et à l'activité intellectuelle, entrent en repos, tandis que les couches profondes du cerveau, ou « cerveau primitif », et le thalamus-hypothalamus, siège de l'intuition, se réveillent et entrent en activité.

# 13

## Comme les cinq goûts de la plante chisso.

Ce verset est très court. Il concerne la sagesse qui permet de développer les facultés élaborées afin d'en faire profiter soi-même et les autres. Cette plante, *Tisso* en japonais, possède les cinq saveurs : sucré, salé, pimenté, aigre, amer. La pulpe et la peau ont un goût aigre-doux, les pépins et les noyaux sont amers, et l'ensemble a un goût légèrement salé. Cette plante est également composée de cinq couleurs : la tige est rouge, la fleur est jaune et blanche, les fruits verts au début sont couleur aubergine quand ils sont mûrs.

Mais, en définitive, le goût de cette plante est unique et presque inexistant. Dans la cuisine zen, au Japon, la nourriture a un goût simple et léger. Différents goûts s'équilibrent pour former une absence de saveur, qui est le « goût du Zen ». La plante Tisso est sans saveur, tout en possédant les cinq goûts, alors que l'eau, sans saveur également, ne possède aucun goût. De même, le Bouddha et le bébé sont *Hishiryo,* mais seul le Bouddha possède les cinq sagesses.

# 14

C'est tout à fait
Comme un sceptre de diamant (vajra).

Dans l'*Hokyo Zan Mai* on trouve cinq métaphores : le miroir du trésor, le petit enfant, le *Yin-Yang*, la plante aux cinq saveurs, et, maintenant le *vajra\**. Que signifient-elles ?

La métaphore du miroir du trésor renvoie à la sagesse de la conscience Alaya, reflétant les phénomènes du cosmos aussi clairement qu'un grand miroir circulaire (dans la Chine ancienne, les miroirs étaient des plats d'argent poli).

Celle du petit enfant évoque la sagesse qui observe l'égalité de toutes choses après avoir nié toute différence entre les éléments.

La métaphore du *Yin-Yang* concerne la sagesse qui reconnaît les facultés des divers êtres vivants, afin d'établir le *dharma* en apportant une solution aux doutes de l'homme.

La métaphore de la plante aux cinq saveurs correspond à la sagesse qui développe les facultés élaborées, afin d'en faire profiter tous les êtres.

Enfin, le *vajra* réalise la synthèse des quatre sagesses précédentes. Dans les temps anciens, c'était une arme d'une vingtaine de centimètres de long. Les extrémités représentent cinq doigts. On peut le voir dans la main gauche de certaines statues du Bouddha, en particulier chez les Tibétains. Ce sceptre de diamant symbolise l'esprit de la condition éveillée (*Bodhi*) qui coupe toutes les illusions (*bonnos*). La profonde sagesse (*Maka Hannya*) est donc représentée par un objet ayant cinq doigts à ses deux extrémités. La main, qui participe activement à la vie quotidienne, peut devenir signe d'illumination, manifestation d'énergie, symbole de sagesse.

## 15

> Quand le droit et l'oblique
> Se rencontrent et se pincent
> (Comme les jambes en lotus)
> Merveilleusement il y a
> Demande et réponse mélangées.

Dans le Zen, nous regardons, nous observons la nature, comme si nous regardions les images de la télévision. Devant un écran de télévision ou de cinéma, nous ressentons des émotions subjectives, nous pouvons entrer dans la télévision, par le reflet. Mais, une fois le bouton tourné, le reflet arrêté, nos « reflets » aussi se terminent, et la télévision redevient simplement une télévision. Maintenant, nous vivons la nature et, dans notre monde, nous sommes comme regardant la télévision. C'est comme si nous étions entrés dans le programme, nous vivons à l'intérieur. Notre vision de la création est subjective. Nous ne pouvons regarder la réalité objective. Nous ne pouvons regarder la réalité objective, car nous sommes toujours « reflet ». Alors que tout est en changement perpétuel.

Za-zen coupe le contact de la télévision. Tout s'évanouit, il n'y a plus rien, le reflet disparaît. Après la mort, nous aurons ce regard objectif. Nous devons regarder une télévision obscure. C'est un *koan!* Nous pouvons voir, mais nous ne pouvons comprendre ce que sera notre vision après la mort. En za-zen je dis toujours : « Regarder du fond de son cercueil. » C'est le monde d'*Hishiryo.*

« Après le feu, le bois devient cendre ; le bois ne peut contempler les cendres, et les cendres ne peuvent voir le bois », disait Dogen. Le bois est le monde de la nature, de la matière vivante. La cendre est la mort, le monde de l'esprit. Maintenant, nous vivons une télévision en mouvement, ensuite nous regarderons une télévision sans mouvement, immobile, objective.

*Vérité cosmique et mystérieuse.*

# 16

## C'est intime avec l'origine,
## C'est familier avec la Voie.

Cela est la voie d'union pour s'entraider les uns les autres. Après avoir gravi la montagne d'*Hannya Haramita*, nous en redescendons. Montée et descente sont nécessaires, sans séparation ni dualité, en complète interdépendance. De même, compassion et sagesse s'embrassent, se combinent. Si l'une apparaît en surface, l'autre est cachée derrière. Elles ne sont pas plus séparables que les deux faces d'une feuille de papier.

Voici l'histoire de Maître Shinran, Maître aussi célèbre que Dogen, au temps de *Kamakura*\*. Dans sa jeunesse, Shinran était étudiant de l'École Tendai dans un temple de la montagne Hiei, près de Kyoto, en surplomb du lac. Shinran souffrait beaucoup dans ce temple, non seulement du manque de relations sexuelles, impossibles dans un temple, mais aussi de la difficulté à résoudre les problèmes de sa vie. Chaque jour, il se rendait à pied à Kyoto, au temple de Rokakudo (en japonais *Rokakudo* signifie : les six consciences) et il implorait la statue de Kannon (Avalokitesvara). Une nuit, alors qu'il était couché devant la statue de Kannon, Shinran eut un rêve. Une très jolie femme, une très belle Kannon, lui apparut, revêtue d'un *kesa* blanc immaculé et tout scintillant. Elle tenait dans sa main une fleur de lotus. Elle lui dit : « Shinran, ta destinée sera très troublée par les femmes... Aussi dois-je t'aider, et je suis venue pour m'unir à toi. Je serai à toi cette nuit, nous allons célébrer notre mariage, et ensuite tu annonceras notre union à tous les êtres humains. » Shinran était cloué de surprise. Et il fut incapable de réaliser cette union, il était complètement impuissant ! Il voulut la regarder à nouveau, mais elle avait disparu... Et il aperçut une foule nombreuse, qui grimpait au flanc d'une montagne. Son rêve était l'expression de ses troubles de jeunesse, de moine étudiant, avec ses problèmes sexuels. Il les résolut par la suite.

Shinran tomba amoureux d'une ravissante princesse et l'épousa. Cela lui valut d'être jeté en prison, car il avait violé les *kai\** (préceptes), et failli à la loi du bouddhisme. Et il fut déporté dans un endroit lointain. Mais, pendant son séjour en prison, il réalisa la méthode de salvation de l'humanité ; il devint intime et familier avec la voie de la compassion.

A la même époque, Dogen ouvrait dans le temple de Koshoji, à Uji, un dojo accessible aux femmes, à qui il était jusqu'alors interdit de pratiquer za-zen.

C'est un exemple de l'intimité non seulement avec la source, mais aussi avec la Voie. Dans le rêve de Shinran, la foule gravissait la montagne, et ensuite en redescendait. L'homme religieux contemple les gens du haut de la montagne, puis il redescend et se mêle à eux.

Si cela est mélangé,
Il y a bonheur.
Mais nous ne devons faire
Aucune erreur.

Celui qui élimine les illusions et les empêchements, qui atteint l'éveil, prend conscience qu'il n'y a aucune différence entre le monde de la transmigration et le *nirvana**, entre les phénomènes et la vacuité. La grande compassion consiste alors à ne pas chercher à demeurer où que ce soit, fût-ce dans le *satori*, à ne pas avoir de but, à s'harmoniser avec les autres. L'individualisme est peut-être nécessaire pour escalader la montagne, mais il faut bien en redescendre ! Et, dans la vie quotidienne, s'il faut de la sagesse, il faut aussi de la folie !

Sagesse et compassion sont intimement mélangées, parfaitement fondues, de même le *satori* et l'illusion, Bouddha et nous-mêmes, le maître et le disciple, l'homme et la femme. Ce mélange intime, cette fusion parfaite sont vrai bonheur.

Que sont cette sagesse authentique et cette grande compassion ? Maître Manzan répond par un poème :

« Les nuages blancs descendent dans la vallée profonde et s'évanouissent.

Seul le sommet de la grande montagne verte se dresse dans le ciel. »

Quelles sont les personnes ayant cette grande compassion et cette véritable sagesse ?

« C'est un vieil ermite aux cheveux blancs.

Son ermitage est dans une profonde vallée.

Il sort, se rend au marché de la petite ville,

Et se mêle intimement à la foule. »

« Il ne vient pas plus qu'il ne va.

Bouddha devient comme un enfant. »

*Les pas de la vache.*

On l'a vu, Bouddha et le bébé ont le même état de conscience *Hishiryo*, mais le Bouddha a la sagesse suprême, tandis que le bébé ne la possède pas.

*Hishiryo* est la conscience large, sans limites, infinie, cosmique, au-delà des catégories, dont la vitesse est plus rapide que celle de la lumière : en za-zen, nous pouvons aller jusqu'au fond du cosmos, et penser du tréfonds de la non-pensée.

> C'est innocent et mystérieux,
> Cela n'appartient ni à l'illusion
> Ni au satori.

« C' » est la Voie, za-zen, que l'on pratique *ici et maintenant,* l'existence universelle, sans artifice.

Dans le premier volume du *Shobogenzo**, le *Ben Do Wa**, Maître Dogen écrit : « Cette Voie a été possédée par chacun ; mais si aucun ne la pratique, elle ne peut être réalisée. Elle ne peut être obtenue et réalisée sans notre propre certification, authentification et compréhension. » Si nous ne dégustons pas nous-mêmes le repas délicieux, comment pourrons-nous en apprécier la saveur ? Dans le *Genjo koan**, l'un des chapitres les plus importants du *Shobogenzo,* on trouve une célèbre histoire :

« Un jour, le Maître Zen Pao-ch'e s'éventait. Un moine s'approcha de lui et lui fit cette remarque :

« La nature de l'air existe partout et le vent souffle en tous lieux. Pourquoi utilisez-vous un éventail, Maître ? Pourquoi créez-vous du vent ? »

Le Maître répondit :

« Toi seul sais que la nature de l'air existe partout. Pourtant tu ignores pourquoi le vent souffle en tout lieu ! »

Le moine demanda alors :

« Que veut dire : il n'est pas un lieu où le vent ne souffle ? »

Le Maître continua de s'éventer en silence. Le disciple s'inclina profondément. »

Cette histoire nous enseigne que la Voie, l'énergie cosmique, est présente dans tout l'univers ; mais si nous ne la pratiquons pas avec notre propre corps, nous ne pouvons la recevoir. Le vent représente ici le *satori,* la vérité cosmique ; l'éventail, notre pratique du za-zen. Instantanément, et profondément, ce disciple comprit l'enseignement de son Maître ;

il fit donc *sampai**, et sortit de la chambre. Le Maître avait gardé le silence, et le disciple, très intuitif, avait tout de suite saisi la pensée de son Maître. Ce *mondo* s'est terminé par une réponse silencieuse.

# 19

La loi d'interdépendance et l'occasion
Peuvent être réalisées dans la clarté
Et le silence du cœur.

Notre vie est interdépendante de tous les éléments de l'univers. Vous et moi, le Maître et le disciple, l'homme et la femme, le corps et les différents organes, tout est régi par la loi d'interdépendance.

Dans le Zen, la méthode pour avancer profondément dans la Voie a pour nom « la Voie de l'oiseau ». La Voie de l'oiseau n'a pas de chemin fixe ni d'indication. Elle est sans trace ni marque. Alors qu'un cheval ou une vache, par exemple, laissent des empreintes dans le chemin, Dogen écrit dans le *San Sho Do Ei* :

« Sans trace aucune
Le canard va et vient sur l'eau...
Cependant, il n'oublie jamais son chemin. »

## 20

Le microcosme entre dans l'infini.
La limite du macrocosme
Est la propre limite du cosmos.

Qu'est-ce que la nature de Bouddha ? Le Maître fait un geste de la main, ou lève son pouce.

A Makada, ville où le Bouddha a réalisé le *satori* en contemplant l'étoile du matin, sous l'arbre de la Bodhi, on peut voir l'endroit où il était assis en méditation. Cette place est appelée « le siège de diamant ». Partout où nous pratiquons za-zen, cet endroit devient siège de diamant. Même un lit peut devenir lit de diamant ! Mais si le *zafu*\* est utilisé pour faire l'amour, par exemple, il devient un siège sexuel !

Dogen écrit dans le *Ben Do Wa :* « Une seule personne pratiquant za-zen influence le cosmos tout entier. »

S'il y a création d'une différence,
Même infime,
Cela ne peut s'harmoniser avec
Le rythme de la musique.

La moindre petite erreur, et ce n'est plus le vrai Zen ! Si le rythme n'est pas juste, la musique devient fausse. Dans le *Shin Jin Mei,* on trouve :

« Une différence de la grosseur d'un atome,
le ciel et la terre sont séparés. »

Les *koans* étaient à la mode dans l'école Rinzaï. Les disciples pensaient que leur *satori* était proportionnel à leur doute : à petit doute, petit *satori,* à grand doute, grand *satori* ! Ils entraient en compétition sur les *koans,* et, finalement, la pratique de za-zen perdait sa force et son essence. De son côté, le mouvement Soto, par l'accent qu'il mettait sur le za-zen, se fit qualifier de *Mokusho Zen :* Zen de l'illumination silencieuse.

Le Zen authentique est universel, en harmonie avec le système cosmique. Penser avec la conscience personnelle, créer sans cesse des catégories, nous met en dehors du vrai Zen. D'ailleurs, Dogen se refusait à utiliser des mots tels que Rinzaï ou Soto ; il préférait se servir des mots vérité universelle, ou ordre cosmique. Il disait également : « Seul za-zen est la vérité du Zen ! »

*Le nez vertical, les yeux horizontaux.*

## 22

Maintenant il y a le subit et le graduel,
Le Zen devient section,
Cela est une mesure de comparaison.

L'enseignement de Çakyamuni est un, mais des divergences se sont produites parce que chacun de nous est différent. Des erreurs surgissent, la Voie se fourvoie, perdant sa direction juste, et les disciples ne reçoivent plus l'enseignement dans sa pureté. Ainsi le Zen est-il une seule Voie, mais une seule erreur, même infime, équivaut à la distance séparant le ciel et la terre.

Depuis Bodhidharma jusqu'au sixième patriarche Eno, la lignée est pure, simple et sans complication, seulement de Maître à Maître. Mais, déjà, à partir du cinquième patriarche, Maître Konin, il y eut scission. Afin de tester ses disciples, Maître Konin leur avait demandé d'écrire un poème. Jinshu, le plus ancien, passait pour avoir une compréhension très profonde du Zen. Eno, jeune disciple, très récent et complètement illettré, ne sachant ni lire ni écrire, ne pouvait recevoir l'ordination de moine, il était seulement assistant cuisinier. Le poème de Jinshu était considéré comme le meilleur :

« Notre corps est comme l'arbre de la Bodhi.

L'esprit est comme le miroir précieux.

Aussi devons-nous chaque jour l'épousseter. »

Si vous pratiquez chaque jour, vous finirez par obtenir le *satori*. Pas à pas, c'est le Zen graduel.

Eno, l'assistant cuisinier, regardait le poème et demanda à l'un de ses amis de lui en donner lecture.

« Oh, c'est un très grand poème, Jinshu deviendra certainement le successeur de notre Maître », dit l'ami, et il lut ce poème à Eno.

« C'est une erreur, répondit Eno. Ce n'est pas le véritable Zen. Jamais notre Maître n'a enseigné de telles choses. J'ai entendu ses conférences, et je ne trouve pas dans ce poème l'essence de son enseignement. Écris-moi donc ceci :

« Le miroir précieux n'est pas matériel.
Tout est rien. Tout est ku.
Où donc la poussière pourrait-elle se déposer ? »

Voilà le Zen subit. Za-zen lui-même est *satori*, ici et maintenant. Ces deux points de vue, malgré leur contradiction, apparaîtront exacts. Cependant, c'est à Eno que Maître Konin remit son *kesa* et son bol, et celui-ci devint son successeur.

« Tu dois t'enfuir ; mes disciples vont être en colère après toi. Tu as compris le Zen. Tu as obtenu le *satori*. »

Et les deux écoles se séparèrent.

« Le saule pleureur épouse intimement, immédiatement
   les mouvements les plus rapides du vent qui souffle. »

Tel est le Zen subit.

Malgré la compréhension à travers les sectes
Et la réalisation de l'idée,
C'est une souillure dans le véritable satori.

Le *San Do Kai* dit également : « S'attacher à la pratique est une illusion. » Et, dans le *Za-zen Shin,* on trouve cette phrase :

« Puisque cette intimité n'est jamais ni droite ni oblique, elle se dépouille d'elle-même inconsciemment, sans autoconscience. »

Les œuvres les plus élevées, les calligraphies les plus fortes sont faites sans artifice, sans fausse tension, sans but ni esprit de profit.

A ce sujet, il y a une histoire intéressante.

Dans un petit temple perdu dans la montagne, quatre moines faisaient za-zen. Ils avaient décidé de faire une *sesshin* dans le silence absolu. Le premier soir, pendant le za-zen, la bougie s'éteignit, plongeant le dojo dans l'obscurité profonde. Le moine le plus nouveau dit à mi-voix : « La bougie vient de s'éteindre ! »

Le second répondit :

« Tu ne dois pas parler, c'est une *sesshin* de silence total. »

Le troisième ajouta :

« Pourquoi parlez-vous ? Nous devons nous taire et être silencieux ! »

Le quatrième, qui était le responsable de la *sesshin,* conclut :

« Vous êtes tous stupides et mauvais, il n'y a que moi qui n'ai pas parlé ! »

Dogen dit : « Notre vie est ainsi : une vache sortant de son étable, les cornes, la tête, le corps tout entier est dehors, et la queue reste coincée dans la porte ! »

Même s'il y a effectivement *satori,* il faut aller au-delà, briser, casser l'*Hokyo Zan Mai.*

## 24

A l'extérieur... le calme,
A l'intérieur... le mouvement.
C'est comme le cheval entravé,
Et le rat caché.

Notre esprit est calme en apparence, mais, à l'intérieur, il n'est que mouvement. Le cheval entravé ne peut s'échapper. Son comportement extérieur paraît calme, mais, intérieurement, il désire s'échapper et galoper. Il en est de même du rat caché. Dans un coin sombre de la cuisine de la ferme, à la campagne, le rat a faim. Il a envie de sortir pour aller chercher sa nourriture. Il attend, calme en apparence, mais, à l'intérieur, il n'est que mouvement.

Bien dirigé, le cheval fort deviendra une excellente monture. Dans le bouddhisme *Mahayana\**, il n'est pas question de brimer les passions, mais de savoir les contrôler pour que leur énergie devienne source d'activité, de sagesse et compassion véritables. Comme dit le grand Maître Shinran : « Les passions, les désirs sont l'eau du *satori*. » Un grand bloc de glace, en fondant, donnera beaucoup d'eau ! Toutes les existences du cosmos, tous les êtres humains possèdent la nature de Bouddha.

*Le cheval entravé.*

Comme tous les maîtres de la transmission
Se sont affligés sur ce point,
Aussi éprouvent-ils le besoin de faire don du dharma.
Comme chacun suit l'illusion pleine d'erreur,
Aussi confond-il le blanc avec le noir.
Quand l'illusion s'évanouit, à cet instant même,
Chacun peut comprendre de lui-même.

Quel est « ce point »? Les illusions, les passions. Il nous faut les diriger, à l'aide des six vertus, ou *paramitas* en sanscrit.
1. *Dana :* le don.
2. *Sila :* l'observance des préceptes.
3. *Kshanti :* la persévérance énergique.
4. *Virya :* l'assiduité.
5. *Dhyana :* la méditation, le za-zen.
6. *Prajna :* la sagesse.

Il est nécessaire d'avoir des illusions, et de les transformer en sagesse, pour aider l'ensemble des êtres vivants. Les *paramitas* sont des moyens, comme les coins d'assujettissement que place le charpentier pendant l'assemblage des poutres, avant de les fixer définitivement.

Za-zen n'est ni Bouddha ni l'homme, mais simplement s'asseoir, et penser du tréfonds de la non-pensée. Nous pouvons alors entrevoir et comprendre les différentes combinaisons du Moi, comprendre que la recherche de l'éveil est illusoire, que la vacuité elle-même est une illusion, qui fond comme la glace dans le feu.

Si vous désirez vous adapter, vous assortir
Aux anciennes traces transmises,
Je vous en prie, regardez avec attention
L'exemple des précédents anciens.
L'arbre a été observé depuis dix millions d'années
Pour réussir la voie de Bouddha.

Dans le *Sutra du Lotus*, il est dit que le Bouddha, sur son siège de diamant, avait auparavant pratiqué, sous l'arbre de la Bodhi, la méditation juste, za-zen, pendant dix millions d'années ! Observer l'arbre, et voir en même temps dans toutes les directions, c'est *Hishiryo*, la réalisation de l'esprit pur, originel, que chacun d'entre nous possède au fond de lui-même : véritable concentration du précieux miroir, c'est-à-dire *samadhi* de l'*Hokyo Zan Mai*. Le *satori* de Çakyamuni* influence les trois mondes, passé, présent et futur. Notre pratique de za-zen ici et maintenant et le salut futur de l'humanité sont deux choses différentes — comme les deux faces d'une feuille de papier !

Dans son *Shobogenzo*, Maître Dogen cite cette phrase de Maître Kesan :

« Nous sommes bousculés, roulés, emportés par la pratique du *satori*. »

Telle est l'essence du vrai Zen, transmise d'un Maître authentique à un véritable disciple, de Kodo Sawaki à Taisen Deshimaru, et de Taisen Deshimaru à ses disciples...

*La source de la sagesse.*

Comme le manque du tigre,
Comme les yeux de nuit du cheval.

Selon la tradition populaire, en Asie, si un tigre dévore un être humain, ses oreilles se déchirent — c'est là son point faible. Le cheval a des poils blancs au niveau des genoux et, la nuit, lorsqu'il galope, ces taches apparaissent comme des yeux. Pas assez ou trop, la beauté véritable est toujours imparfaite.

Voici une histoire, tirée du livre *La Justesse du sable et de la pierre*, de Maître Muju.

« Un coursier, malade, épileptique, doit se rendre chez quelqu'un dans la nuit. Sur son chemin, il doit traverser un petit pont de bois surplombant un torrent rapide. En regardant l'eau du torrent du haut du pont, frappé d'une crise d'épilepsie, il tombe dans l'eau, et flotte suivant le courant. Le lendemain matin, il se réveille sur l'autre rive... vivant. » En état de mort apparente, il était tombé dans l'eau, et c'est ainsi qu'il a pu continuer à vivre. Si nous faisions la même chute sans être inconscients, certainement nous mourrions !

Lors de ma première rencontre avec Kodo Sawaki, au temple de Sojiji, celui-ci me prêta trois livres, dont la biographie du moine mendiant Tosui. Chef d'un très grand temple, Maître Tosui s'en était échappé, abandonnant tous ses vêtements de moine, pour rejoindre un groupe de mendiants lépreux. Dans les temps reculés, les lépreux, pourchassés, étaient obligés de se retirer en communautés. Un de ses disciples lui courut après. Tosui lui dit : « Il est bien difficile de me suivre ! Abandonne tout, même ton *kolomo*\* et ton *kesa*. Seule cette natte de paille te suffira pour dormir. »

Le disciple partit avec Maître Tosui.

Un jour, Maître Tosui lui demanda de creuser un trou afin d'enterrer un homme mort de la lèpre. Le disciple obéit.

Quand le grand trou fut prêt, Tosui ordonna : « Prends donc les jambes pendant que je saisis la tête. »

Le corps du cadavre était complètement pourri par la lèpre et le disciple avait des nausées de dégoût. Ils le mirent cependant en terre. Quelques instants après, le disciple, pour se remettre, demanda quelque nourriture à Tosui. Le Maître répondit : « Mange donc la soupe, là-bas ! » Dans cette soupe laissée par le mort, la suppuration des plaies était mélangée au liquide. « Voilà ton repas de chaque jour. Il ne faut pas que tu comptes manger des légumes ou de la viande ! » Le disciple se dit : « Si je ne mange pas cette soupe, c'est que ma décision est faible ! Je dois manger ! » Mais, la première bouchée s'arrêta dans sa gorge, il ne pouvait avaler cette soupe contaminée. Maître Tosui lui dit alors : « C'est difficile ! Devenir mon disciple est très difficile, et cela ne t'est pas possible. » Le disciple se mit à pleurer, et Tosui continua : « Ma dimension et la tienne ne sont pas les mêmes. Nos circonstances sont différentes. Tu ne peux pas être mendiant. Tu dois être chef de temple. » Et, par la suite, ce disciple est devenu un grand moine.

Tosui, lui, est resté complètement un mendiant, dormant où il pouvait, dans des granges, et il est mort à quatre-vingt-huit ans, près du temple Antai Ji, à Kyoto. A la fin de sa vie, un riche marchand de saké le protégeait en lui faisant vendre du vinaigre fait avec des résidus de saké. De temps en temps, Tosui s'échappait de la boutique de son protecteur pour aller dormir dans une étable. Il emportait toujours avec lui une image du Bouddha Amida qu'il accrochait tant bien que mal aux murs de l'étable.

Il écrivit à ce sujet un petit poème :
« Ici, c'est étroit et sale,
Mais je vous prête cette étable. »

Chat (il est parfois utile de se reposer).

Par leur complexe d'infériorité,
Regardant les objets, les articles,
Comme un trésor rare,
Comme les hommes ont l'horreur en leur esprit,
Le maître doit se changer en chat ou en bœuf blanc.

Qu'est-ce que l'esprit d'horreur, de peur, que les maîtres de la transmission doivent changer ? Comme les hommes se sentent faibles, les maîtres de la transmission doivent suivre l'ordre social, comme les animaux domestiques, tels le chat ou le bœuf. Les hommes, ou la plupart d'entre eux, possèdent la plus haute vérité, le *satori*. Ils ont peur d'utiliser ces articles rares, ces choses qu'ils considèrent comme des trésors, car ils ne sont ni empereur ni roi. Aussi sont-ils obligés, car ils les désirent, de s'enfuir de la Voie qui, selon leur vue, est un article rare et précieux. Dans le *Sutra du Lotus,* on peut lire cette méthode d'éducation :
« Le Bouddha, ou le Maître, doit trouver le moyen de pénétrer dans les intestins de l'âne ou du cheval. »
Il était une fois le fils d'un riche propriétaire devenu mendiant errant depuis de longues années. Séparé depuis longtemps de sa famille, il avait oublié le visage de ses parents, et leur demeure. Mais, un jour, les circonstances firent qu'il se trouva en face de cette splendide demeure. Considérant comme des trésors chaque élément de la maison, fenêtres rideaux, portes... pris de panique, il se prépara à s'enfuir de nouveau. Son père, qui l'avait reconnu, pour le faire revenir, dut utiliser un subterfuge, car son fils, trop effrayé, ne l'aurait pas reconnu. Il envoya l'un de ses domestiques, sûr et fidèle, revêtu d'une robe sale et usagée, suivre son fils.
Le domestique, devenu mendiant, entra dans le groupe des mendiants où était le fils de son maître, partageant leur

*Hokyo Zan Mai*

mauvaise nourriture. Par la suite, le père engagea son fils comme valet, lui ordonna d'être assistant de cuisine, et de laver les toilettes. Plus tard, il lui fut permis de changer de vêtement, et d'entrer dans la chambre familiale. Au fur et à mesure, l'esprit du fils se transformait et s'adaptait à la richesse. Et, finalement, son père le fit appeler, et lui dit : « Tu es mon fils. Tu dois accepter mes biens. »

Qu'est-ce que cela signifie ?

Tel est le *shiho* !

Le fils ne pouvait croire qu'il était issu de cet homme riche. Le *shiho* le lui certifie.

## 29

Le maître du tir à l'arc,
Par sa très haute technique juste,
Peut atteindre la cible
Même à la plus grande distance.
Mais si flèche et lance se heurtent
En plein vol,
La plus haute technique
Perd alors toute son efficacité.

Le grand Maître Hiei avait un disciple, Kisho. Le disciple, naïf, ne pouvait arriver à vaincre son Maître. Le Maître était le Maître. Aussi le disciple attendait-il la mort de son maître... Mais le Maître, très fort et en excellente santé, n'était pas près de mourir ! Kisho décida donc de tuer son Maître. Un jour qu'il s'entraînait au tir dans un champ, Maître Hiei traversa le champ. Juste à ce moment, le disciple décocha une flèche, et visa son Maître. Mais le Maître tira également. Les deux flèches se rencontrèrent en plein vol, et tombèrent. Le disciple tira neuf fois. Chaque fois, la flèche du Maître stoppa net celle du disciple. Kisho avait dix flèches. Hiei n'en avait que neuf. Le disciple tira donc la dixième, la dernière et l'unique flèche. Hiei se défendit en utilisant sa lance. Il intercepta la flèche en plein vol avec son arme.

Il ne restait plus au disciple qu'à faire *sampai*. Le Maître et le disciple s'embrassèrent.

« Oh ! Grand Maître !
— Oh ! Grand Disciple ! »

Leur ego disparu, évanoui, ils entrèrent dans les relations éternelles de père à fils, de Maître à disciple...

Le soleil brille, la lune tourne, les nuages vont dans le ciel, poussés par le vent, de la vallée jusqu'au sommet des montagnes. Les rivières coulent de leur source vers la mer. Tout à fait naturellement, inconsciemment. La lumière existe partout. Le véritable Maître s'harmonise avec le système cosmique ou l'ordre qui l'entoure. Il suit l'atmosphère, l'environnement, avec des moyens qui ne sont pas des techniques. Il n'y a plus de différence entre lui et le milieu.

*L'homme de bois chante
La femme de pierre danse.*

## 30

L'homme de bois chante,
La femme de pierre se lève et danse.

Cet homme de bois n'est pas excité sexuellement, il n'éprouve aucune sensation particulière, pourtant, il chante, empli de joie et de bonheur. La femme de pierre, sans passion, se lève et désire danser. Le pouvoir magique n'a pas à être recherché, il découle spontanément, naturellement d'*Hishiryo*.

Lorsque notre dos nous démange et que nous demandons à quelqu'un de nous gratter, il y a un point précis à trouver, le point source de la démangeaison. De même, nous devons frapper au centre de l'essence du bouddhisme, c'est-à-dire zazen.

« Nous sommes comblés de bonheur,
la rivière parfumée embaume tout le château. »

Le château de notre corps est secrètement transformé par l'essence de la transmission du Bouddha.

*Le fils doit suivre le père.*

# 31

## Les suivants doivent obéir au roi,
## Le fils doit suivre son père.

Il n'y a aucune notion de féodalité dans ce verset. Le Roi est le point le plus important, la vérité éternelle. L'essence du Zen.

Le Bouddha a dit :
 « Quand le roi de l'esprit est juste
 Les six suivants, également, ne sont
 Ni bien ni mal. »

Les « six suivants » : yeux, oreilles, nez, langue, corps, et conscience constituent les illusions et passions, ou *bonnos**.

Le véritable Roi ne pense pas à son état de roi. Le véritable Bouddha ne pense pas qu'il est Bouddha. Tel est le véritable *Hishiryo*, le « Roi du *Samadhi* », gardé par de nombreux suivants.

Lors d'une conférence au Temple de Eihei-ji, les premières paroles de Dogen furent celles-ci :
 « La prééminence n'est ni utile ni efficace.
 Il n'est pas nécessaire, même si nous sommes en avance, de faire la course avec les autres disciples.
 Nous ne devons pas attendre le grand *satori*.
 Seulement pratiquer *Dokan,* l'anneau de la Voie.
 La continuation incessante est essentielle.
 Plénitude sans manque. »

Tout devient *Dokan*, car za-zen crée le tracé de la vie quotidienne, guide notre vie, jour après jour.

Les servants, les suivants désirent saisir en la comprenant la position de Roi. Mais ils ne le peuvent pas car seul un autre roi peut comprendre le secret de cette position.

Seulement Bouddha comprend un autre Bouddha.

Le Roi n'est pas toujours un roi. Les *bonnos* s'élèvent. Il désire manger... faire l'amour... il est triste... il a des regrets... C'est suivre les *bonnos*. Mais le Roi ne pense pas un instant à devenir Roi. Il ne pense pas à pratiquer ce qui est bien. En lui la notion de crainte pour ce qui est mal n'existe plus. La notion d'ambition pour le poste le plus élevé ne l'effleure plus. Les médailles et les décorations sont hors de sa pensée ; mais, pour les suivants, la couronne d'or et les médailles du roi sont nécessaires. Le Roi n'a pas besoin de pratiquer za-zen, mais les suivants doivent le faire. Le Roi, sans suivants, n'est pas un roi ; et les suivants, sans Roi, ne sont plus des suivants. Les deux positions doivent être en parfaite unité et harmonie. Mais seul le Roi comprend le secret du Roi. Les suivants ne peuvent pas délimiter *Hishiryo,* le trouver de manière exacte, mais ils peuvent comprendre plus profondément les *bonnos,* et élargir par là le champ de conscience d'*Hishiryo.* Les *bonnos* sont sans fond, mais, par le za-zen, nous pouvons descendre toujours davantage à travers l'*Hokyo Zan Mai.*

Si vous voulez comprendre l'état d'*Hishiryo,* vous devez piétiner toute intelligence commune ordinaire.

« Le vieillard a le visage d'un bébé, et l'enfant a des moustaches blanches », a dit Maître Jiun.

*Le fils doit suivre son père :*

Le père est la montagne, le fils est les nuages blancs. La montagne verte est le père des nuages blancs, et les nuages blancs sont les fils de la grande montagne verte.

## 32

Ne pas suivre n'est pas le devoir filial du fils,
Ne pas obéir n'est pas être un véritable suivant.

Le fils ne suivant pas le père n'a pas de sentiment filial. Les suivants n'obéissant pas au Roi ne sont pas ses assistants. Suivre, obéir, signifie en fait s'harmoniser avec l'ordre cosmique.

Cet ordre a une importance essentielle ; qu'on l'oublie, et toute chose se casse, le bonheur ne peut se réaliser.

*Comme un stupide...*

## 33

> L'action cachée, secrètement,
> Intimement utilisée
> Paraîtra stupide et bornée.

Être trop intime, en rapport trop étroit avec la vérité est un handicap pour la comprendre. Nous ne pouvons pas voir la montagne lorsque nous sommes au sommet. Si l'on est trop intime avec les personnes, et trop proche d'elles, on ne peut comprendre leurs points importants. Mais une vérité lointaine devient secrète et mystérieuse. Si nous sommes trop proches du monde sexuel, trop intimes, son importance diminue ; à l'opposé, trop loin, le monde sexuel prend une grande importance, et les désirs s'élèvent.

Ne pas trop se rapprocher, ne pas trop s'éloigner : c'est la Voie du milieu dans le bouddhisme.

« Il ne faut ni courir après la Vérité ni s'en échapper », lit-on dans le *Shodoka*. Le Zen n'est ni trop intime avec la vérité ni trop éloigné d'elle. C'est sans doute une contradiction apparente, mais il faut là encore embrasser les extrêmes.

Maître Kezan a écrit : « L'apparence extérieure du moine Zen doit être comme la lumière de la lanterne sous le soleil de midi. » La montagne et les champs baignent dans le silence, sans aucun mouvement ; mais chaque année la verdure vivante renaît. La grande terre silencieuse est lourde et immobile... Le moine Soto Zen doit avoir le corps en harmonie avec la vie sociale, et l'esprit jouant avec la création de la nature.

Voici à ce sujet une histoire taoïste :

Un ami de So-Tsu dit : « Dans mon jardin se trouve un très grand arbre, un arbre Cho (chêne vert). Ses branches sont noueuses, sinueuses, irrégulières et les pousses sont tellement tordues que l'on ne peut s'en servir pour quoi que ce soit. »

Cet arbre poussait au bord du chemin, il était si peu intéressant et attrayant que personne n'y prêtait attention. Ce n'était pas un arbre « utile ».

Certains déclarèrent à So-Tsu : « Votre enseignement est comme ce chêne vert, très profond et très grand, mais guère utile dans la vie de tous les jours. »

So-Tsu répondit : « Connaissez-vous le blaireau et sa méthode de chasse ? Caché, aplati sur le sol, il regarde jouer les rats, et, ensuite, d'un bond rapide, en saisit un. Cet animal est très habile et avisé. Sa technique de chasse est excellente. Cependant, il tombe parfois dans les pièges de l'homme et se fait tuer. Le buffle sauvage, à l'opposé du blaireau, a une tête grosse comme un nuage. Non comestible, il est tout à fait inutile. Sans intelligence, ne pouvant même pas chasser un rat, il se contente de manger de l'herbe. Il vit paisible dans les grands prés. Il ne tombe pas dans les pièges comme le blaireau. »

Et So-Tsu continua : « Près du chemin, dans mon jardin, ce grand arbre inutile... je ne me fais aucun souci pour lui. Vous pouvez le replanter dans un champ voisin ou dans une autre terre. Je vous en prie, savourez votre vie à l'aise, facilement, tranquillement sous cet arbre. Cet arbre, inutilisable, ne sera jamais abattu et sa vie sera longue. Il ne connaît ni la peur ni l'inquiétude, ne vous faites aucune peine pour lui. »

Ainsi est le moine Zen.

*Le rêve de l'herbe printanière sur les rives du lac.*

## 34

Ceci est nommé le sujet dans le sujet,
Cela seulement réussit.

Que veut dire « sujet dans le sujet » ? Cela signifie : l'essence dans l'essence, le Roi dans le Roi, le secret dans le secret, c'est le quatrième *Go I ;* la réussite dont il s'agit est la réalisation du *dharma*.

Revenons sur une histoire déjà citée :

Maître Tozan, accompagné d'un autre moine, suivait un chemin qui les menait dans une région de montagnes sauvages et profondes. Dans la clairière, un petit ruisseau coulait, et ils aperçurent un bout de légume flottant au fil de l'eau. « Sûrement un ermite habite cette montagne », pensèrent-ils, et ils entrèrent plus profondément dans la forêt.

Finalement, ils rencontrèrent un vieux moine vivant dans un tout petit ermitage.

« Pourquoi vivez-vous ainsi dans cette montagne ? » lui demandèrent-ils.

Le vieux moine, qui avait une très longue barbe blanche, leur répondit :

« Deux taureaux sales et couverts de boue combattaient. Les deux se sont précipités dans la mer et ne sont jamais revenus. »

Tozan posa alors une autre question : « Le sujet dans le sujet, le secret dans le secret. Quelle en est donc la signification ? Quelle est la chose primordiale ? »

Et le vieil ermite lui répondit :

« Vous ne la trouverez pas à l'extérieur de la porte. Cela est fermé. »

Du « comme cela est le *dharma* » de la première strophe au « sujet dans le sujet » de la dernière, le texte forme une boucle, un cercle, un anneau, l'anneau de la Voie. Il n'y a ni commencement ni fin. Si l'on veut réaliser le « cela », il faut comprendre le « sujet dans le sujet » ; et le « sujet dans le sujet » nous renvoie à la réalisation du « cela ».

Seule la conscience cosmique peut réaliser cela automatiquement, inconsciemment, naturellement, grâce au za-zen.

Je vous ai conduits au bord de la rivière, à vous de goûter l'eau !

# SAN DO KAI
## L'essence et les phénomènes s'interpénètrent
## de
## MAÎTRE SEKITO
## (700-790)

Le *San Do Kai* est l'œuvre de Maître Sekito\* Kisen (en chinois : Shit'ou Hsi Ch'ien), né en 700, mort en 790. Il pratiquait za-zen sur une pierre, d'où le nom de Sekito « tête de pierre ». Eno\* avait eu de très nombreux disciples dont les plus importants furent Seigen\* et Nangaku\*. Nangaku eut lui-même un disciple très intelligent et plein de force : Bassho\*. Le nom de Bassho signifie « grand-père du cheval ». Bassho était grand, très fort... comme un cheval ! De son côté, Seigen eut un disciple nommé Sekito. Bassho, dont l'intelligence était profonde, aimait les discussions. Sekito faisait seulement za-zen sur sa pierre ! On peut déjà entrevoir les germes de l'évolution des deux écoles. *Rinsaï*\* et *Soto*\*.

\*
\* \*

A l'âge de seize ans, Sekito avait été ordonné moine par le VI<sup>e</sup> patriarche Eno. Et, après la mort d'Eno, Sekito restait toujours en za-zen, près de sa tombe. Un jour, le plus ancien des disciples alla se recueillir sur la tombe de son Maître. Voyant Sekito en za-zen, il lui demanda : « Que fais-tu donc ? » Sekito répondit : « Je suis là parce que Maître Eno, avant sa mort, à ma question : Quand vous serez mort, Maître, de qui devrai-je recevoir le *shiho* ? a répondu : *Jin shi ko* : Tu dois chercher la pensée. Aussi, suis-je maintenant en za-zen à côté de Maître Eno, en train de penser à côté de sa tombe. » Le moine aîné lui dit : « Tu es vraiment stupide ! Certes *shi* est la pensée, mais c'est le *shi* de Gyo-shi * ! Tu dois recevoir le *shiho* de Seigen *... (Seigen était, en effet, le nom de la montagne dans laquelle le disciple le plus ancien d'Eno avait son dojo, et le véritable nom de ce disciple était Gyo-shi.) C'est le testament de Maître Eno. Tu dois aller voir Seigen. »

Et Sekito partit à la rencontre de Seigen, qui lui demanda : « D'où viens-tu ? »

Très importante question ! Sekito aurait pu répondre : « Je viens de nulle part. » Grand *koan*... Si nous nous décidons pour un endroit, ce n'est pas une bonne réponse. Si nous demeurons dans un lieu, cela signifie que nous avons des notions d'attachement telles que le proche ou le lointain, le bon ou le mauvais... Être sans attache : véritable liberté. Comme en za-zen.

Mais, dans ce *mondo*, Sekito répondit honnêtement : « Je viens de Sokei » (le nom du dojo de Dogen).

Le Maître lui demanda : « Qu'as-tu apporté de Sokei ? »

Sekito répondit : « J'ai apporté quelque chose qui continuait avant Maître Eno. »

C'est-à-dire : « J'avais quelque chose avant ma naissance, mais je ne l'ai compris que par la pratique du za-zen dans le dojo de Sokei. Si je n'avais pas été disciple de Maître Eno, je n'aurais pu comprendre. »

Chacun a déjà le *satori*, mais personne ne pratique za-zen. Il ne faut pas devenir Bouddha ou Dieu seulement en pensée — mais comprendre par notre corps !

Lorsque Sekito recevait un douloureux coup de *kyosaku* *, il pouvait comprendre dans sa complète essence le véritable enseignement de son maître Eno.

Seigen regarda Sekito et pensa : « Il est très doux. » Alors, au contraire, Sekito lui demanda : « Comprenez-vous, Maître Eno ? » Très courageuse question. Seigen était déjà plus grand Maître qu'Eno !

Seigen ne répondit pas. Sekito lui demanda encore une fois : « Connaissez-vous mon visage ? »

## San Do Kai

Lorsqu'un disciple devient Maître, les visages deviennent les mêmes. Il n'y a plus de séparation, de dualité.

Si nous éprouvons un véritable amour, pourquoi vouloir le certifier ? Trop de preuves, trop d'explications ne font ni la vérité ni la profonde et véritable intimité.

Voici une histoire : en Chine, une mère, remplie d'un amour sincère et véritable pour son fils, filait tranquillement la laine, un après-midi. Des hommes vinrent la voir et affirmèrent : « Votre fils n'est qu'un assassin ! Il vient de tuer quelqu'un ! » La mère n'en crut pas un mot, et n'arrêta même pas son rouet. Un autre homme arriva alors et confirma : « Oui, oui, il a tué ! » Mais la femme continuait toujours à filer tranquillement « Non, dit-elle en continuant son travail, non, j'ai confiance en mon fils. »

Et l'on apprit plus tard que ces nouvelles étaient fausses.

Lorsque la foi véritable entre parents et enfants, mari et femme, disciples et Maître n'existe pas, le démon arrive... Une véritable intimité ne s'expose pas, ne se raconte pas, ne se certifie pas, ne se montre pas. Il n'est point nécessaire de l'afficher ni de s'en excuser. La dualité n'existe plus.

Que signifie *San Do Kai* ?

*San* : notion de différence, de dualité. Les phénomènes, les existences dans le temps et l'espace — *shiki* (thèse).

Par exemple : les montagnes et l'océan, les parents et les enfants, le *satori* et les illusions, la vie et la mort, l'existence et la non-existence, etc.

*Do* : notion d'identité, d'origine. La vacuité, l'essence — *ku* (antithèse).

Lorsque nous devenons Bouddha, ou Dieu, les différences s'évanouissent : ni parents ni enfants, ni mari ni femme, ni illusions ni *satori*, ni vie ni mort, ni existence ni non-existence, etc.

*Kai* : la synthèse, mais dans un sens très large, profond : mélange, fusion, interpénétration.

*San* et *Do* sont nécessaires à l'équilibre. Harmonieusement, intimement mélangés, ils réalisent la Voie du milieu.

*San Do Kai* — *San* entre dans *Do* et *Do* entre dans *San*. Cela est *Kai*.

Prenons l'exemple d'un mari et d'une femme : lorsqu'ils parlent ensemble de la nature de Bouddha, et ensuite pratiquent za-zen, ils deviennent Zen et Zen. S'ils comprennent le Zen, ils ne sont plus ni mari ni femme, mais seulement Zen et Zen. *San* disparaît, devient *Do*. Les formes, les figures ne subissent pas de changement, le corps de l'homme et le corps de la femme sont toujours là : c'est *Kai*.

Un autre exemple :
Lorsque j'étais jeune, mon Maître Kodo Sawaki me disait : « Tu n'es pas mon disciple. » Et, bien sûr, je n'étais pas tellement content ! Un jour, je lui demandai la raison de ce qu'il disait. Kodo Sawaki me répondit : « Parce que tu me salues, en *gassho**, ou en *sampai**, seulement en face des autres, dans le dojo, et pas du tout quand je suis aux toilettes, en train de me laver le visage, pendant mon sommeil, ou pendant que je bois du saké ! Tu ne fais pas du tout *gassho* et *sampai* dans ces circonstances, aussi n'es-tu pas mon disciple. Quand tu fais za-zen, ou *sampai*, dans le dojo, alors tu es mon vrai disciple. Mais, pendant une partie de saké, tu n'es pas mon vrai disciple. Toi et moi sommes intimes, *Do*, pas *San*. Quand tu fais *sampai* en face de moi ou pendant za-zen, face au mur, tu es mon disciple... Recevoir le *kyosaku*, c'est *San*. A ce moment tu es mon disciple et je suis ton Maître. » Devant la vie, même entre Maître et disciple, le mélange, la fusion sont nécessaires. Entre *San* et *Do*, le *Kai* est essentiel.

Si nous oublions le *San*, l'ordre est brisé.
Si nous oublions le *Do*, il n'y a pas d'intimité.
Aussi le *Kai* est-il primordial.
Réaliser *Kai* n'est pas facile. Il est nécessaire d'étudier l'essence du Zen. Maître Daichi écrivit (poème 151) :

« (...) La source de la neige blanche et celle du printemps chaud ne sont pas les mêmes.
C'est comme le beau phénix dansant dans la rivière d'argent, à l'aube.

## San Do Kai

C'est aussi comme le nuage heureux qui recouvre la moitié du palais violet. »

Ni trop chaud ni trop froid, il ne faut pas penser *San*, il ne faut pas penser *Do*. Comment faire ? Dogen écrit, dans le *Fukanzazenji* : « Nous devons penser du tréfonds de la non-pensée. » Penser sans penser : *Hishiryo*.

La pensée, penser, est *San*. La non-pensée, ne pas penser, est *Do*. *Hishiryo* est *Kai*. *Hishiryo* est le secret du *San Do Kai*.

*San Do Kai* signifie donc : les phénomènes et l'essence fusionnent, se mêlent, s'interpénètrent.

Maître Sekito avait lu et étudié un livre très connu de Maître Jo, dans lequel il est écrit :

« Le véritable sage, le grand homme
Rassemble, réunit, mélange toute et chaque existence.
Il réalise la fusion du tout, puis il crée le Soi,
L'esprit propre à chacune de ces choses.
Il fusionne toutes les existences
Selon son esprit. »

Le sage n'a pas d'*ego**, mais chaque chose est un ego. Le ciel et la terre sont l'unité de l'ego : conscience cosmique. Toutes les existences sont cet ego, et l'ego cosmique est un avec toutes les existences. C'est à partir de cette phrase que Sekito a composé le *San Do Kai*.

Le *San Do Kai* est court, il n'est composé que de 228 *kanjis* (idéogrammes), mais il est le concentré de cinq mille *sutras* du *Bouddha** *Çakyamuni**. C'est aussi la base des quatre-vingt-quinze volumes de *Shobogenzo* de Dogen*. L'enseignement oral de Maître Nyojo à son successeur Dogen portait sur le *San Do Kai* et l'*Hokyo Zan Mai*.

Aussi, lorsque nous comprenons réellement le *San Do Kai*, avec notre corps tout entier — et pas seulement notre cerveau —, accédons-nous également à l'essence du bouddhisme.

Il existe, dans le Soto Zen, une très importante cérémonie : la transmission privée du *dharma*, de l'essence du Zen, dans la chambre du Maître (*nyumitsu denpo*). Pendant une semaine, le disciple reçoit directement du Maître l'enseignement transmis concernant le *San Do Kai* et l'*Hokyo Zan Mai*. Les paroles et l'enseignement du *Bouddha Çakyamuni* sont transmis au disciple par la bouche du Maître, et le disciple doit en réaliser la compréhension.

Parvenu à ce stade, le véritable Maître devient le *San Do Kai* même. Il n'y a plus, en tant qu'existence humaine, de Maître ni de disciple... Le disciple est en complète unité avec le *San Do Kai*.

Le Soto Zen considère le *San Do Kai* comme son code, ses statuts, comme la loi. Comprendre réellement le *San Do Kai* : avoir déjà réalisé la nature de Bouddha. Comprendre réellement le *San Do Kai* : détenir la clef secrète d'une civilisation future. Comprendre réellement le *San Do Kai* : pratiquer la Voie dans la vie quotidienne.

*San Do Kai.*

L'esprit du grand sage de l'Inde s'est trasmis
Intimement, directement, secrètement
de l'Est à l'Ouest.

L'esprit du Bouddha, comme l'air et la lumière, se trouve en tous lieux, en toutes directions et dans tout l'espace. L'esprit du Bouddha existe dans chaque esprit. Le *Sutra du Nirvana*, le premier, a affirmé l'existence de la nature du Bouddha dans chaque chose. La nature du Bouddha est l'originel, l'essence de chaque élément existant dans le cosmos. La nature du Bouddha est l'énergie cosmique présente dans chaque vie. Bouddha, le sage, se rapproche de cette énergie cosmique contenue en lui-même. Il fusionne cette énergie avec son ego. L'ego devient énergie cosmique : et l'énergie cosmique pénètre l'ego. C'est la réalisation de l'unité ego-vie cosmique. L'homme est en harmonie, en totale unité avec le système cosmique.

Lorsque Maître Nyojo donna le *shiho* à Dogen, ce dernier avait déjà reçu un enseignement très privé de sept jours, et sa compréhension du Zen était achevée.

« Je t'ai donné l'enseignement de la pure essence du Zen. Même si tu n'as pris aucune note, tu dois t'en souvenir. Je te donne le *kesa* et le bol qui sont les symboles du Zen, de l'essence du Bouddha transmise par Bodhidharma. Aujourd'hui tu as compris, non par ta conscience, mais par ton corps, le sens profond de cet enseignement. Seulement toi comprends. Les autres n'ont pas saisi cette essence. Je mourrai sans regret, car maintenant je suis heureux. »

L'esprit (*shin*) a le sens de l'esprit du Bouddha. Il n'est donc pas limité au corps du *Bouddha Çakyamuni*, c'est l'esprit universel du véritable corps universel. Ce *dharma kaya*\* (corps du *dharma*) est le *samadhi* du roi, la nature du Bouddha, sans commencement ni fin, non né, non mort, éternel, illimité, infini dans le temps et l'espace. Au-delà du *ku*, le *ku* absolu incluant tout. La participation de la seule conscience à cette compréhension est incomplète et sans authenticité. Comprendre réellement, authentiquement, par le tréfonds de notre corps, est la véritable compréhension. Comprendre *ku,* comprendre tout le cosmos et tout est inclus dans ce cosmos. Ceci est l'esprit du grand sage. Non pas l'esprit de Çakyamuni lui-même, mais l'esprit de tout le cosmos, de *ku.*

Voici une histoire :

Un disciple du nom d'Esshin amenait toujours sa vache avec lui lorsqu'il allait écouter des conférences. Un soir, comme ils rentraient après une lecture sur l'*Hokei Kyo* (*Sutra du Lotus*) la vache avec son sabot écrivit sur le sable du chemin ce *Tanka\** :

« Ce soir, j'ai entendu que
même les herbes, les bois,
pouvaient devenir Bouddha.
Je suis très heureuse, car j'ai un esprit. »

Quelle est la signification de ces lignes ?

La vache pensait que les plantes, les arbres détenaient la possibilité de réaliser la nature de Bouddha, mais n'avaient pas d'esprit, tandis qu'elle en avait déjà un : « Je ne suis qu'un animal, mais j'ai un esprit, je possède également la nature du Bouddha. Mon Maître m'a donné aujourd'hui un enseignement précieux. Je peux le comprendre par cet esprit. » Mais cette vache était une vache dogmatique, trop passionnée. Les herbes, les arbres, les pierres, tous les éléments du cosmos possèdent la nature de Bouddha. Tout est esprit, le cosmos tout entier. Toutes les existences du cosmos réalisent l'esprit. Aussi le cosmos lui-même est-il cet esprit.

Lorsque nous sommes en za-zen, za-zen lui-même est l'esprit du Bouddha, et inclut tout le cosmos.

Intimement, directement, secrètement (*mitsu*). Même pas l'épaisseur d'un cheveu entre le disciple et le Maître. Unité achevée complètement. Sans se regarder, le visage du Maître et celui du disciple ne font qu'un. Les autres ne peuvent comprendre. Seuls eux deux comprennent. Le véritable amour est sans dualité. Chacun d'entre nous possède cet esprit avant sa naissance, et il continue pendant notre vie C'est *ku,* et

Bouddha, Bodhidharma, les Maîtres de la transmission, comme *Eka\**, Eno, *Yakusan\**, Sekito, l'ont réalisé.

D'où vient-il? De partout. On ne peut en comprendre la source originelle.

Un moine, un jour, se blessa le pied sur le chemin. Son ongle fut arraché, et la douleur était très vive. « Aïe! Aïe! D'où vient donc cette douleur? » Et il retourna au temple d'où il était parti. Un autre moine lui demanda : « Pourquoi reviens-tu? Pourquoi rentres-tu? As-tu renoncé à ton voyage? » Il répondit : « Bodhidharma n'est pas venu de l'Est, Eka n'est pas allé à l'Ouest, et je suis content... »

Tout est semblable. Le cosmos entier est dépourvu de frontières et de nationalités. Bodhidharma habite le cosmos, et il n'est pas nécessaire de distinguer le Sud et le Nord. L'esprit a la nature du Bouddha : sans commencement ni fin, illimité.

Si nous comprenons consciemment la nature du Bouddha, il y a dualité. Si les Bouddhas deviennent Bouddha, ils ne peuvent avoir la sensation d'être Bouddha. Quand nous devenons objectivement Bouddha, nous ne pouvons le sentir. La nature de l'esprit du Bouddha n'est réalisée que lorsque nous l'oublions. A cet instant précis, nous sommes authentiquement Bouddha. Les êtres qui oublient qu'ils sont Bouddha sont supérieurs à ceux qui ont une conviction personnelle. C'est pourquoi je dis toujours : *mushotoku*, sans but... *Hishiryo*, au-delà de la pensée et de la non-pensée.

La poule et l'œuf sont différents. La poule n'est pas l'œuf, et l'œuf n'est pas la poule. Mais, en dernier lieu, l'œuf se transforme en poussin. La poule, avec son bec, cogne la coquille de l'œuf, et, simultanément, de l'intérieur, le poussin lui répond. La mère cogne, le petit répond, la coquille se brise, et le poussin voit le jour. Le poussin ignore tout de l'œuf, et l'œuf n'a pas conscience du poussin. Mais il y a eu changement, un poussin est né.

La foi entre le disciple et le Maître est fondamentale. Le Maître regarde son disciple depuis le sommet du crâne jusqu'à la pointe des orteils, en passant même par l'anus ! De son côté, le disciple comprend tout du Maître : c'est la foi véritable. De Bouddha à Bouddha. *I shin den shin.*

*Do : il n'y a ni Nord ni Sud dans la Voie.*

Dans les personnalités humaines, les sensations
Et les intelligences diffèrent,
Mais dans la voie,
Le Sud et le Nord n'existent pas.


L'intelligence de chaque être humain varie, mais, dans la Voie, tous les êtres sont identiques ; les frontières, les distances, les éloignements du Sud et du Nord sont abolis.

Pourquoi le Sud et le Nord ?

En Chine, de même qu'en Europe et en France, le Sud et le Nord diffèrent. La grande surface de la Chine crée de fortes caractéristiques propres au Nord et au Sud, qui se reflètent dans la personnalité des populations. Les peuples du Nord et du Sud se combattaient sans cesse, désirant l'un et l'autre la suprématie du pouvoir.

Pourquoi Maître Sekito a-t-il écrit cette phrase ?

Après la mort de Konnin, les deux grands disciples Eno et Jinshu se sont séparés.

Jinshu était un homme intelligent, sensible, très habile. Eno, peu avisé d'apparence, était illettré. Et cependant ce fut Eno qui reçut la succession de Maître Konnin. Le Zen se divisa alors en deux écoles : au Nord, Jinshu ; au Sud, Eno.

Ces deux phrases forment l'introduction du *San Do Kai*. Les phrases suivantes développent les relations, la relation de Bouddha et de l'ego, la fusion de Bouddha et de la personnalité propre.

*La source de l'esprit est pure.*

## La source spirituelle est pure et brillante,
## Seuls les affluents boueux coulent dans l'obscurité.

Cette source est le jaillissement de l'originel, eau pure et sans aucune souillure.

En za-zen, si nous comprenons notre véritable personnalité, nous réalisons également ce que sont nos illusions.

Le *San Do Kai* est l'essence du Zen, sa dimension est très large, universelle.

Si nous réalisons que la source de l'originalité personnelle est *ku*, existence sans noumène, nous atteignons la compréhension de la source de nos illusions, et le sans-fond de la conscience infinie. La remontée du subconscient et son cortège de formations mentales nous font comprendre la complexité de notre esprit et les désirs illimités s'élevant du tréfonds de la conscience illimitée.

Si nous arrivons à cette véritable originalité, nous réalisons que notre source spirituelle est *ku*... Puis, *ku* redevient *shiki*. La source spirituelle brillante et immaculée est souillée par le courant des phénomènes de notre vie.

Demeurer seulement sur *ku* : bloqués, en *kontin** — assoupissement —, engourdis, nous sommes devenus « trop rien ».

A l'opposé, demeurer sur *shiki* : trop dans les phénomènes, en *sanran** — excitation —, le cerceau se complique, est submergé, « souillé et boueux ».

Une eau stagnante est boueuse. Une eau trop remuée par les nombreux phénomènes sera également souillée et polluée. Nous devons trouver la Voie du milieu entre le blocage du *kontin* et l'agitation excessive du *sanran*.

La racine devient tronc, branches et feuilles. Sur les rameaux, le bourgeon devient bouton, fleur, fruit, et, de nouveau, le cycle recommence... Il n'y a aucune fixité, c'est *Dokan*, la roue de la vie, l'anneau de la Voie.

Trop s'attacher aux phénomènes est cause d'illusion.
Suivre, rencontrer l'essence
N'est pas véritable satori.

Nous voici une fois de plus devant le message fondamental du bouddhisme Mahayana, tel qu'il est exprimé dans ce très ancien *sutra* que l'on chante après le za-zen, le *Hannya Shingyo,* ou *Sutra de la Sagesse Suprême* (*Mahaprajna Paramita,* en sanscrit) :

> *shiki soku ze ku*
> *ku soku ze shiki*

Les phénomènes sont l'essence (le vide), et l'essence (le vide) n'est autre que les phénomènes. Et, puisque *shiki* devient *ku,* et *ku shiki,* il est impossible de privilégier l'un des deux termes. S'attacher au monde phénoménal, à l'univers matériel, est cause d'illusion, et ne rencontrer que l'essence, le vide, n'est pas véritablement l'éveil.

Le bouddhisme est au-delà de la dualité de l'essence et de l'existence, comme de toute dualité. Pour Dogen, l'esprit et la matière sont un. Za-zen embrasse toutes les contradictions. Bouddha a résolu expérimentalement la question à laquelle se heurte la philosophie occidentale depuis Platon. Pourquoi sommes-nous sur cette terre ? Que sommes-nous, d'où venons-nous, où allons-nous ? ou bien : qu'est-ce qui est en premier, l'existence ou l'essence, la matière ou l'esprit, etc. ? Aujourd'hui comme il y a deux mille ans en Inde, le problème reste le même.

Ni existentialisme, ni essentialisme, ni matérialisme, ni idéalisme, la formulation de la Voie du milieu par Nagarjuna est toujours pertinente. Nous devons trouver la racine de l'ego, le principe ultime de l'univers. Et nous ne pourrons résoudre la crise de notre civilisation qu'en nous harmonisant avec l'ordre et l'énergie du cosmos

*Ego : ensemble — harmonie.*

Régis par la loi d'interdépendance,
Toutes les portes et tous les objets s'interpénètrent,
Ensemble et non-ensemble.
Les deux peuvent se rejoindre harmonieusement.
Si cette rencontre harmonieuse ne se fait pas,
Les deux restent sur leur position.

Les portes sont les six entrées de notre corps, les six sens. Dans la philosophie bouddhique, la conscience est considérée comme un sixième sens. Un chien aboie. Nos oreilles sont la porte, et le cri du chien est l'objet. De même, en za-zen, le son de la cloche du temple... Nous voyons une fleur : l'image de la fleur et nos yeux ne sont ni séparés ni unis. L'homme et le cosmos, les portes de la perception et les objets perçus s'interpénètrent totalement. Ils sont à la fois ensemble et non ensemble.

Les objets, les couleurs, les sons, les vibrations existent indépendamment de nous, dans tout l'univers, pour tout le monde. Et, pourtant, la couleur de la fleur, le son de la cloche n'existent que par mes yeux et mes oreilles.

L'homme est l'homme. Le cosmos est le cosmos. Chacun sur ses positions. Mais, aussi, par l'activité des six portes, l'homme devient le cosmos, et le cosmos devient l'homme : les deux s'interpénètrent. La racine et le feuillage sont l'une et l'autre dans leur position existentielle, avec leurs fonctions propres. La racine prend l'eau de la terre, et les feuilles l'oxygène de l'air. En même temps, les racines et les branchages se supportent, s'entraident, se combinent et fusionnent, en entretenant de profondes, d'intimes relations d'interdépendance.

L'essence de tous les objets visibles possède selon chaque objet
Des qualités et des images différentes.
La racine de la voix change selon la joie
Ou la souffrance.
Cette profondeur obscure est le monde
De la combinaison des éléments,
Dans toutes les directions,
Dessus, dessous, au milieu.
Mais en présence de la lumière, les objets sont clairs,
Et dans leur position existentielle,
Nous pouvons discerner ce qui est pur de ce qui est souillé.

   Les objets des sens possèdent de nombreuses caractéristiques, fort diverses. L'objet visible a une couleur et une forme ; il peut être immaculé ou souillé, grand ou petit, rond ou carré, long ou court. Un exemple : Le ciel bleu.
                              Les toits rouges.
   Le visage est clair, nous pouvons le voir aisément dans le miroir limpide, tandis que les organes sexuels demeurent dans l'obscurité.
   La voix de la joie n'est pas celle de la souffrance, et l'on ne percevra pas de la même façon la couleur d'un slip et celle d'un *kesa*.
   La perception de la voix et des couleurs prédomine. Elle est représentative de l'activité des six portes. Les objets visibles ont une forme, une figure. Ils sont assemblage de lumière. La voix est sans forme, elle est assemblage de ténèbres. La voix est profondeur. Et, dans cette profondeur, de nombreux éléments se combinent (les sons hauts et bas, forts et faibles).
   Le son de la vallée et son écho se répercutent très loin dans les profondeurs...

*Respiration cosmique.*

La nature des quatre grands genres revient
Automatiquement à sa source
Comme un enfant retrouve sa mère.

Les quatre grands genres sont les éléments de base de notre monde : terre, feu, eau et air. Ces éléments appartiennent au domaine de l'obscur. Pourtant, en dernier recours, ils se résolvent en pure lumière, ils se ramènent à la simplicité ultime de leurs composantes atomiques. L'atome lui-même est le résultat d'une situation d'équilibre entre ions positifs et ions négatifs, forces d'attraction et forces de répulsion.

La profondeur, qui rassemble, inclut le positif et le négatif, le centripète et le centrifuge, la concentration et la dispersion, le *Yang* et le *Yin*... Chaque individu est en butte à la contradiction de deux tendances primordiales : tendance à l'autonomie, pouvoir de refus, manifestation de la personnalité, sagesse, d'une part ; tendance à la communauté, pouvoir d'insertion, attraction d'autrui, amour de l'autre, d'autre part. En za-zen, nous intégrons complètement cette contradiction, puisque, dans le *dojo*, nous sommes à la fois tout à fait seul et tout à fait ensemble.

Notre caractère est justiciable du même traitement que l'acier : pour en renforcer la résistance, on le chauffe d'abord à blanc, puis on le trempe dans l'eau froide avant de le marteler.

Je parle toujours de l'ordre cosmique. De quoi s'agit-il au juste ? L'ordre cosmique peut être vu comme la combinaison, l'équilibre, la synthèse des forces centrifuge et centripète. Dans tous les phénomènes, nous sommes en présence de la pulsation de ces deux tendances opposées et complémentaires : union et séparation, rassemblement et dispersion, lumière et obscurité, élan vital et entropie... La fleur des champs s'ouvre le matin et se ferme le soir. Le cœur bat sur le rythme diastole-systole. Les nuages d'hélium et d'hydrogène épars dans l'espace interstellaire se rassemblent, se condensent, et donnent naissance à une étoile. Celle-ci, à la fin de son existence, explose en dispersant dans le vide obscur les matériaux qui serviront à la constitution de nouvelles étoiles, de nouveaux systèmes solaires...

La physique nucléaire, l'astrophysique, la biologie moléculaire nous confirment aujourd'hui scientifiquement ce que Maître Sekito, il y a plus d'un millénaire, réalisait par sa pratique de za-zen. Les phénomènes retournent au vide, dont ils procèdent, et les quatre grands éléments reviennent à leur source, comme l'enfant à sa mère.

*Toutes les existences sont impermanentes.*

Le feu chauffe, le vent est en mouvement,
L'eau est humide, la terre est dure.
Pour les yeux, il y a la couleur,
Les oreilles perçoivent les sons, le nez relève les odeurs,
La langue peut différencier le salé du sucré.
Mais toutes les existences, comme les feuilles de l'arbre,
Sont alimentées par la racine.
L'origine et la fin résultent de la même source : ku.
L'origine et la fin retournent au rien.
Noble ou vulgaire sont utilisables à votre guise !

Le feu de bois brûlant dans la cheminée et le fer en fusion dans le creuset n'atteignent pas les mêmes degrés de température. Cependant, la source, l'origine, est le feu. Nous ne pouvons voir l'origine, elle existe dans la profondeur obscure.

Nous ne pouvons comprendre l'essence de l'air, la source du vent dans le ciel.

L'air se meut d'une zone de basse pression vers une zone de haute pression — et le vent est créé ! Vent doux ou violent, ce peut même être un typhon ! Dans l'eau, aussi, de nombreux phénomènes peuvent se produire. Également, le temps peut devenir pierre...

Les yeux fermés, nous ne pouvons comprendre ce qu'est la vue, mais, si nous les ouvrons, de multiples couleurs apparaissent. Les sept notes de la gamme deviennent, dans la musique, des milliers de sons différents. Quelle est la source, l'origine de toutes ces vibrations ?

Un jour dans un temple, un jeune moine demande à son Maître : « La cloche du temple résonne, mes oreilles l'entendent, mais où se trouve le son ? » Cette question est devenue un célèbre *koan*.

Le nez perçoit de nombreuses et différentes odeurs. Si nous ne mangeons pas, la langue ne peut rien goûter ; mais la fonction de la langue est de percevoir et de différencier les goûts, tels que sucré, salé, aigre et doux. Si nous mettons un petit bout de viande sur le nez d'un chat, celui-ci, ne percevant que l'odeur, lèchera cependant son assiette.

Mon Maître Kodo Sawaki répétait toujours : « Une certaine personne, qui avait un brin de caca sur le bout du nez, demandait : Mais qui donc sent mauvais ici ? »

Sans objet et sans but, notre esprit n'est pas si compliqué. Un objet, un but et de nombreux phénomènes s'élèveront. Une seule et même racine produit de nombreuses feuilles. D'une source unique, de nombreux phénomènes peuvent surgir. Mais l'origine et la fin sont, en dernier lieu, *ku*. Il y a de nombreuses conceptions, riche ou pauvre, Dieu ou Bouddha, homme ou démon, et chacune a son utilité, mais, en définitive, la source originelle et la destination ultime retournent au rien.

Dans l'obscurité existe la lumière,
Ne regardez pas avec une vision obscure.
Dans la lumière existe l'obscur,
Ne regardez pas avec une vision lumineuse.

Le corps et l'esprit sont unité. La santé du corps dépend de notre bonheur. Un esprit inquiet, et le corps sera faible, sans activité. Tristes, nous pleurons, mais la tristesse n'est pas forme. Elle s'extériorise sous forme de larmes. La tristesse devient larmes, le corps se met à l'unisson de l'esprit. Les combinaisons de l'esprit se réalisent ainsi dans la main, dans le corps, tandis qu'inversement les attitudes du corps se projettent dans l'esprit.

Un esprit pleure et l'univers pleure...

Toutes les existences du cosmos ne sont qu'un seul et même corps. Comprendre, réaliser que le corps est le tout, que la source de l'esprit est une, est le véritable *satori*, l'éveil le plus haut. L'univers matériel devient lui-même « Roi du *Samadhi* », *nirvana,* esprit du Bouddha. C'est ainsi : dans le Zen, notre esprit, notre corps, tous les éléments, toutes les existences, toutes les illusions se ramènent à *ku*. Et, en réalité, il n'y a ni illusions ni désillusions, ni juste ni faux, ni obscurité ni lumière... La lumière totale est tout l'obscur, et tout l'obscur devient lumière.

L'obscur comprenant la lumière n'est pas si obscur, car tout est lumière, tout est nature de Bouddha, tout est conscience cosmique. Une fois l'ego nié, abandonné, le véritable ego apparaît. Ce véritable ego est réalisé dans l'individu. La réelle individualisation ne peut se faire que dans l'abandon de l'ego.

L'individualité est *San*, l'abandon *Do*.

Au-delà des deux : *Kai*.

Au-delà de *Do* : *Kai*.

Au-delà de *Ku* : *Kai*.

Au-delà des *shiki* : *Kai*.

Au-delà de *San Do* : *Kai*.

Au-delà de l'abandon de l'ego : *Kai*.

Dans la lumière, nous ne pouvons voir l'obscurité... et dans l'obscurité nous ne pouvons voir la lumière. Nous ne pouvons voir le côté lumineux car tout est sombre, et vice versa.

La source de l'esprit est claire, mais, dans l'obscurité, tout est sombre, aussi paraît-elle obscure. Cette source n'est pas tarie, seulement nous la considérons comme obscure. Ainsi pouvons-nous dire que dans l'obscurité existe la lumière.

La lumière est le monde des différences, dans l'obscurité règne l'identité. Le clair devient obscur, et l'obscur devient clair. La nature du Bouddha devient existence humaine, et ainsi les existences humaines ont la nature du Bouddha, nature originelle. Mais les existences humaines ne réalisent pas l'Existence Humaine... Ceci est un grand *koan* !

Aucune différence, cependant, entre les êtres humains et le Bouddha... Une histoire :

Maître Reyu se plaisait à dire : « Lorsque j'éduquais Daian âgé de vingt ans, cette éducation était celle d'une jeune vache. Elle mangeait tout... Toutes les herbes du champ. Elle ne se gênait pas pour entrer dans le champ voisin. Elle allait partout où elle le désirait, suivant son propre chemin, et ne me suivait pas du tout. Il était vraiment difficile de l'éduquer, cependant j'avais le désir de la transformer. C'est pendant cette période difficile que nous sommes devenus intimes. Ma vache devenait très belle et quelquefois je lui donnais quelques coups de bâton. Même quand je la frappais, elle n'avait pas la moindre peur, ni la moindre rancune. »

Dans un premier temps, un entraînement dur et sévère est nécessaire. Telle la pratique du za-zen. Recevoir le *kyosaku,* se concentrer sur le comportement dans la vie quotidienne... et cela jusqu'à la mort. Mais le temps passe... et la vache commence à comprendre l'esprit de son Maître. Les doutes disparaissent, elle est sans anxiété, et, à ce moment précis, commence un deuxième stade. Sans doute ni anxiété. Le Maître et la vache ne sont plus qu'un seul corps. Un geste des doigts ou de la main, et la vache comprend aussitôt. L'éducation devient aisée.

Pendant la période d'éducation, le disciple doit exactement

se conformer aux instructions du Maître, ajuster son comportement au sien. Cette période se termine après le *shiho*. Le comportement peut alors être autre que celui de la forme du Maître. Mais jamais le disciple n'oublie l'origine, la source du Maître.

Ceci est un point très important. Dogen écrit dans le *Gakudo jin shu* : « Le *dharma* peut actionner le moi. Le moi peut actionner le *dharma*. Quand le moi est capable de mettre en action le *dharma*, c'est le moi qui est fort et le *dharma* qui est faible. Au contraire, quand le *dharma* met en action le moi, c'est le *dharma* qui est fort et le moi qui est faible. »

Le *dharma* change l'ego, l'ego change le *dharma*...

Reprenons...

Depuis toujours, il y a dans la loi bouddhique deux principes. Mais qui n'est pas véritable héritier du bouddhisme n'en a jamais connaissance. Si l'on ne connaît pas encore les modalités de l'étude de la Voie, comment pourrait-on discerner le vrai du faux ?

Se réaliser soi-même : seulement cela. Notre ego est le siège des illusions, et le *dharma* est en réalité la nature du Bouddha. Un sage entrant dans le jeu des illusions n'est pas un sage authentique. Le Bouddha suivant le jeu des illusions ne sera pas Bouddha. Un prisonnier dans une prison, s'il réalise l'état d'*Hishiryo*, n'est plus un prisonnier, mais un Bouddha.

*Le vent dans la forêt de bambou*

Lumière et obscurité
Créent une opposition,
Mais dépendent l'une de l'autre comme
Le pas de la jambe droite dépend du pas de la jambe gauche.

Lorsque la lumière fait face à l'obscurité, toute cette obscurité devient lumière, il n'y a plus d'obscurité.

L'obscurité faisant face à la lumière, la lumière s'assombrit, il n'y a plus de lumière.

Les affluents boueux coulent vers l'océan et l'eau en sera souillée. Le grand fleuve jaune se déverse dans la mer de Chine qui devient de la même couleur. Où se trouve l'eau pure de la mer de Chine ?

Vivre, nous regardons seulement notre vie.

Mourir, nous contemplons seulement la mort.

La vie diffère de la mort. Le bois devient cendres. Quand le bois est tombé en cendres, la cendre ne peut redevenir bois. Pourtant, on ne doit pas soutenir que cela est cendre après et bois avant. Il faut saisir clairement que, bien que le bois se situe à l'étape dharmique de bois, et bien que cet état-là porte en lui un avant et un après, le bois est au-delà de l'avant et de l'après. De même, les cendres sont cendres, et elles ont un avant et un après.

Le bois ne peut retourner à l'état de bois une fois que le feu l'a réduit en cendres ; de même, l'homme ne peut revenir sur terre une fois trépassé.

A la lumière de cette observation, le bouddhisme n'enseigne pas non plus que la mort devient vie. Il parle du non-né et de non-extinction. La vie est une étape, et la mort est une étape, comme le sont aussi l'hiver et le printemps : on ne dit pas que l'hiver devient printemps ou que le printemps devient été (Dogen, *Genjo koan*).

Dans l'action de marcher, le premier pas ne devient jamais le second pas. Le premier pas est seulement le premier pas. Le pas de droite ne peut être celui de gauche, et vice versa. La droite ne peut devenir gauche. Telles sont les relations entre la lumière et l'obscurité. Dans la nuit, tout est obscur, les existences sont présentes, mais on ne peut les voir. Il n'y a pas de pas de la jambe gauche. Pendant le jour, tout est clair, tout est apparent, il n'y a pas de pas de la jambe droite. Dans l'obscurité, seul l'obscur est. Tout est caché. Tout existe. Rien ne peut être vu.

Chaque existence a son utilité,
Usez-en quelle que soit sa position.
Phénomène et essence s'emboîtent parfaitement.

La substance est lumière, l'action est obscurité. La source de l'esprit du Bouddha devient action. La substance se transforme en action, comme la haute montagne devient océan profond.

La source est une, mais nombreuses sont les rivières : eaux claires, eaux boueuses, eaux calmes, eaux agitées... *ku soku ze shiki...*

*Ku* est la source, mais les phénomènes apparaissent en nombre, et *ku* devient *shiki*.

La source de l'esprit de Bodhidharma est une, mais, pour ses disciples, elle se fit peau, muscles, os et moelle...

*Mitsu ni fusu.*

La flèche et la lance se heurtent.
Recevant ce langage, vous devez
En comprendre la source.
Ne demeurez pas dans des conceptions
Égoïstes et erronées.

Il faut toucher directement l'esprit du Bouddha. Comment toucher ? En y entrant, directement ! Par za-zen ! Bouddha faisait za-zen sous l'arbre Bo. Il s'est réveillé. *Satori*. Il a transmis à Mahakashyapa l'essence et la méthode de ce *satori*.

Et, par la suite, cette transmission fut effectuée de Maître à disciple pratiquant le za-zen. Un disciple faisant za-zen a en lui la capacité et la possibilité de l'éveil.

Lire un *sutra* demande d'en comprendre le sens, de ne pas dépendre des mots. *I shin den shin !*

Aussi est-ce une transmission secrète de l'esprit du Maître à celui du disciple : « le secret transmis du Zen ».

Seulement entre deux personnes : le Maître et le disciple. Personne d'autre ne peut intervenir. Secret absolu, direct, inexplicable par les paroles et le langage. Transmission symbolisée, confirmée par le *kesa,* le bol ou un certificat.

Un disciple ne pourra changer ce secret selon ses propres idées. Il devra le retransmettre à son tour à la génération suivante. Comme la flamme d'un flambeau passant de main en main. Telle est l'essence du Bouddha, qui fut transmise jusqu'à moi-même. Cette phrase est une phrase majeure du *San Do Kai.* On peut dire aussi qu'elle en introduit la conclusion.

La flèche et la lance se heurtant en plein vol : une métaphore chinoise. C'est l'histoire de Kisho et de Hiei, à laquelle fait référence aussi l'*Hokyo Zan Mai.* La pointe de la flèche et celle de la lance se touchent. La boîte et son couvercle s'ajustent parfaitement.

Pratique et principe s'ajustent de même. Substance et action, obscurité et lumière, source et affluents, unité et

## San Do Kai

différences, *ku* et *shiki* se rencontrent, coïncident, et se pénètrent mutuellement. La boîte, le couvercle, les deux sont nécessaires.

L'utilité et la position de chaque terme sont différentes. Mais, lorsque les deux s'ajustent parfaitement, l'équilibre est réalisé. Entre l'homme et la femme, par exemple. Le sexe de l'homme et celui de la femme sont opposés. L'un pénètre, l'autre reçoit. Mais, pour réaliser leur utilité, ils doivent s'emboîter, coïncider parfaitement. Et, par cet acte, l'utilité de l'être humain se réalise. C'est l'unité, pas seulement un côté ni l'autre, mais les deux en un. De même, au-delà de pensée et non-pensée, *Hishiryo*.

Nous ne devons pas être attachés à la surface des mots, mais en comprendre la source, le sens profond.

Un Maître Zen en colère contre un disciple lui dit : « Tu dois sortir ! Non ! Pas la porte ! Non ! Pas la fenêtre ! » Par où ? C'est un *koan* ! Un autre exemple :

Maître Obaku était devenu célèbre, et sa vieille mère aveugle désirait le rencontrer. Obaku voyageait la plupart du temps... La mère attendait son fils près d'un bac en rendant quelques services aux personnes passant par là, et en délivrant les tickets de passage du bac. Elle faisait également des massages aux personnes dont les pieds et les chevilles étaient douloureux. Elle espérait ainsi rencontrer un jour son fils. Les pieds d'Obaku avaient des cicatrices caractéristiques. Obaku arriva sur la berge. La mère, par intuition, saisit le pied de son fils, et le reconnut. « Dites-moi votre nom, je pense que je suis votre mère... Vous êtes Maître Obaku... » Il passa sans répondre, mais un suivant avertit la mère que cet homme était bien Maître Obaku. Elle courut jusqu'à lui avant que le bac prenne le départ. Mais le bac commençait sa traversée, et la mère tomba dans l'eau en voulant rejoindre son fils. Alors Obaku dit : « La famille qui a engendré un fils devenu un véritable moine renaîtra dans le ciel. » La plupart des gens pensèrent qu'Obaku n'était pas un homme normal, mais un être un peu fou. Obaku, cependant, avait vu sa mère monter au ciel à cet instant précis. L'attitude d'Obaku semble étrange, mais il faut comprendre la source de ses actions, et de cette histoire. Il a enseigné comment un grand Maître peut éduquer sa famille dans la voie de la réalisation du *satori*. C'est le point de vue caché, obscur...

Un fils accompagnait son père à la pêche. Un jour, pendant que tous deux étaient en train de pêcher, un très gros poisson mord à l'hameçon. Entraîné par la force du poisson tirant sur la canne de bambou, le père tomba à la mer. Le fils pensa : « Que dois-je faire ? — Je dois aider mon père... Il me dirait sûrement que je dois pêcher jusqu'à ma mort, et continuer son *karma*... » Vite, il s'enfuit avec le bateau. Il entra dans un ermitage caché dans la montagne et se fit moine. Plus tard, devenu un grand Maître, il vit, une nuit, son père se tenant près de lui, et lui parlant à l'oreille. « Au moment précis où tu ne m'as pas sorti de l'eau, mon *karma* a changé. Maintenant je suis au paradis, et je fais *sampai* pour toi. »

Ne regardant qu'un seul côté, nous ne pouvons comprendre, mais si nous considérons cette histoire du côté de la source de l'esprit, elle devient exemplaire.

Dans l'ancien Japon, quelques grands moines effectuaient les transports d'argent du temple d'Eiheiji. Un voleur se mit à les suivre, dans l'espoir de s'emparer d'un riche butin. Une nuit, alors que le trésorier dormait, il entra à pas de loup dans la chambre où se trouvaient le moine et l'argent. Il ouvrit très doucement la porte, et jeta un coup d'œil dans la pièce avant d'entrer. Personne. Le clair de lune inondait la chambre de sa lumière. Seule, au centre de la pièce, une branche de pin. Le voleur, étonné, se dit : « Pourquoi cette pièce est-elle vide ? Le moine n'est pourtant pas sorti. Il devrait être là. Je l'ai vu entrer tout à l'heure. » Il recommença plusieurs fois son manège, mais, dans la pièce vide, la lune illuminait toujours la branche de pin. Il n'osait entrer. Il se décida finalement, et ne trouva rien, aucun argent, seulement la branche de pin. Il pensa que ce moine possédait un pouvoir magique lui permettant de se changer en pin, et que ce pouvoir est bien plus important que l'argent car il permet d'échapper à la police. « Je dois apprendre ce pouvoir. » Et, de grand matin, il se rendit de nouveau dans la chambre. Il y trouva le moine. La branche avait disparu. A sa question : « Où donc étiez-vous la nuit dernière ? », le moine répondit : « Mais j'étais ici ! Je pratiquais za-zen, et je ne possède aucun pouvoir magique ! » Le voleur lui demanda de lui montrer comment il pourrait pratiquer za-zen, et le moine lui apprit la posture.

Nous ne devons pas subir l'influence des actions d'autrui, c'est de nous-mêmes que nous devons tirer l'essence.

« Sachons seulement que lorsque nous écoutons un Maître du Zen, il ne faut pas, en l'écoutant, ramener ses instructions à nos conceptions personnelles. Celui qui ferait ainsi ne pourrait saisir les instructions du Maître. Lorsque nous consultons un Maître pour nous informer de la loi, il nous faut purifier le corps et l'esprit, calmer la vue et l'ouïe. Ne faire qu'écouter et recevoir les instructions du Maître, sans y mêler aucune pensée. Le corps et l'esprit doivent être un et le même avec ceux du Maître, ainsi que l'eau que l'on verse d'un vase à l'autre. Seul celui qui est capable de se rendre tel pourra recueillir l'enseignement du Maître » (Dogen, *Gakudo jin shu*). Seul un tel disciple sera admis au *shiho*.

Le *sutra* du nirvana parle d'un certain roi qui ne disait toujours qu'un seul mot à son suivant : « *Sandabbah!* » ou *Aré*, en japonais : « Ça ! » *Sandabbah* pour le sel, pour les fruits, pour l'eau, pour seller le cheval. Pendant son repas, le roi ordonnait : « *Sandabbah!* », et le suivant amenait le sel *Sandabbah!* Le suivant présentait les fruits. *Sandabbah!* De l'eau fraîche était versée dans sa coupe. *Sandabbah!* Et son pur-sang était sellé. Le langage du roi et les actes du suivant s'emboîtaient toujours parfaitement. *Sandabbah!* Si le suivant avait amené le cheval à table, grande erreur ! Il comprenait par intuition. L'éducation Zen est la même. Le point final, le *shiho*, signifie l'unité du sang du disciple et du Maître. Seulement le silence, et, à cet instant, tout peut se transmettre.

> Si vous ne pouvez comprendre la Voie
> Même si vous marchez dans cette Voie
> Vous ne pourrez l'obtenir.

Cette formule se trouve également dans le *Shobogenzo* de Dogen, dans le chapitre sur le temps. Ici et maintenant, le temps est très important. Nous devons comprendre ici et maintenant. Si nous ne pouvons comprendre, nous ne pouvons pas assurer la réussite du futur. Certains disent toujours : « Attendez, attendez ! » Il ne faut pas laisser traîner le travail.

Ici et maintenant inclut l'éternité. L'action d'ici et maintenant est action du corps, action de la parole, action de la conscience. Si les actions ne sont pas justes, le futur subira une mauvaise influence. Même si nous laissons passer, ce mauvais *karma* porte son empreinte sur le futur. C'est pourquoi, dans les temples zen, le fait de bien ranger ses chaussures est si important ! Je regarde toujours avant le za-zen la disposition des chaussures : je peux comprendre les consciences et les caractéristiques mêmes du jour, ici et maintenant.

Certaines personnes me disent : « Je suis très occupé, mon temps est compté, je ne peux aller faire za-zen. Si j'avais le temps, bien sûr, je ferais za-zen, mais je dois gagner de l'argent, et je pense faire za-zen par la suite. » Folie ! le jour suivant, la mort peut survenir... Dans notre vie moderne, la mort arrive vite. Regretter la vie ne sert à rien. Ici et maintenant est important.

*Le couvercle et la boîte coïncident exactement.*

En avançant vos pieds,
Ici et maintenant,
Il n'y a ni proche ni lointain.
Le moindre doute sépare
D'une distance grande comme une montagne est éloignée de la rivière.

Marcher sur la Voie ne signifie pas être proche ou éloigné, le problème n'est pas là.

Marcher... Si nous sommes concentrés ici et maintenant, un pas après l'autre, nous arrivons au but. Si nous éprouvons le moindre doute en ce qui concerne la distance, nous ne pourrons jamais arriver.

« Quand arriverons-nous ? » La distance est longue, le temps passe. Et, pendant que nous pensons, nous oublions de marcher.

Dans le Soto Zen, faire za-zen, et, par la suite, obtenir le *satori*, n'est pas juste. Faire za-zen, ici et maintenant, est *satori*, vérité. Une personne qui pratique le za-zen pour obtenir le *satori* pourra faire za-zen jusqu'à sa mort sans jamais comprendre ce *satori*. Za-zen lui même est *satori*. Nous devons pratiquer za-zen avec la concentration d'un dernier za-zen avant notre mort. Ce za-zen devient donc l'action la plus importante. Tel est le véritable za-zen.

*Le vent pur souffle à l'infini.*

Ceux qui cherchent le chemin,
Je vous en prie,
Ne perdez pas le moment présent.


Qu'est-ce que la Voie ?

Tous les phénomènes que nous rencontrons. *Shiki soku ze ku.* Cela est la réalité véritable. Si nous ne pouvons comprendre la Voie par les phénomènes, même en marchant très loin, jamais nous n'arriverons sur le chemin. Le véritable progrès ne dépend ni du proche ni de l'éloigné. Si nous sommes concentrés sur la posture, za-zen devient éternel, véritable *satori.* La Voie n'est pas un objet extérieur, comme par exemple les objets des six sens.

La Voie existe dans notre esprit, elle n'est pas un objet. La Voie existe dans la source de notre conscience. Si la source de notre esprit est mal comprise, il y a erreur sur la vraie Voie. Ce point est capital.

Si la source de notre conscience est confondue avec les objets qui nous entourent, nous nous tromperons sur la Voie. Et, à l'opposé, s'il n'y a pas d'erreur sur la source de la conscience, la Voie peut être réalisée véritablement.

Le Maître de kendo* qui est fort attend sans passion, tranquillement, debout, l'épée sur les épaules, « comme un lion aux aguets ». Quand il regarde son adversaire ou son partenaire, celui qui est plus faible ne s'y trompe pas !

Par la pratique de za-zen nous devenons forts, inconsciemment, naturellement, automatiquement, sans aucune possibilité d'erreur sur les objets. Et nous devons comprendre que tous les phénomènes deviennent la Voie de notre conscience.

Ne pas comprendre est comme se trouver dans l'océan et penser que celui-ci est vide.

Toute chose devient la Voie.

Si vous doutez, vous ne pourrez jamais parvenir à cette Voie. Cette compréhension ne passe pas par l'intelligence du cerveau frontal. La véritable sagesse est au-delà de l'intelligence personnelle. La véritable sagesse, notre intuition, doit être créée par la condition normale, originelle, de la conscience en za-zen. Le Zen ne fait aucune différence entre les actes de la vie quotidienne et la pratique de la méditation assise dans la posture de Bouddha.

Comment abandonner nos dualités, nos contradictions, réaliser l'unité ?

Comment embrasser les contradictions de notre cerveau et de la vie quotidienne ?

Comment combiner l'objet et le sujet, la matière et l'esprit, la différence et l'identité ?

C'est le *San Do Kai*, l'interpénétration du Vide et des phénomènes, la Voie du Zen.

# Glossaire

AIKIDO : L'un des arts martiaux japonais. *Aïki :* harmonie avec le système cosmique ; *do :* voie.

* ALAYA : « Réservoir de la conscience ». L'inconscient, qui contient et reçoit toutes les potentialités, et alimente la conscience.

* AMALA : Pure conscience. Conscience de *satori*. L'inconscient le plus profond, source de la conscience spirituelle et religieuse.

* AVALOKITESVARA : Kannon, Bodhisattva ayant réalisé sa propre nature par sa faculté d'écouter. Il symbolise la grande compassion de celui qui fait vœu de sauver tous les êtres vivants apparaissant dans les dix directions (la totalité des macro- et microcosmes).

BEN DO WA : Chapitre I du *Shobogenzo*, de Maître Dogen. « Exposé sur l'importance du za-zen ».

* BODHI : L'état de Bouddha.

* BODHIDHARMA : Né à Ceylan au VI<sup>e</sup> siècle. Alla en Chine par la mer et arriva à Canton. Fondateur et premier patriarche du Zen en Chine. Pendant neuf ans, il pratiqua za-zen dans la montagne. Il vécut très vieux.

* BODHISATTVA : « Bouddha vivant ». Chacun peut réaliser

---

\* Les mots précédés d'un astérisque sont d'origine sanscrite qu'il l'est et consacrer sa vie à aider les autres hommes en participant à la réalité sociale. Rien ne le distingue d'eux, mais son esprit est Bouddha.

BONNO : Les illusions.

* BOUDDHA : La racine sanscrite *Boudh* signifie l'éveil et Bouddha : *l'éveillé.* Ce mot désigne le Bouddha historique, Çakyamuni, qui vécut il y a 2 500 ans, et aussi tous ceux qui ont atteint la plus haute vérité, la vraie liberté. Les maîtres peuvent être appelés Bouddhas. Nous avons tous, au fond de nous, la nature de Bouddha, l'essence originelle de la vie humaine.

* ÇAKYAMUNI : Le Bouddha historique.

CALLIGRAPHIE SHODO : calligraphies anciennes ; KIGO : calligraphies tracées par des maîtres célèbres à l'encre noire, d'un seul geste. Si l'expression n'est pas donnée par la forte activité de la personnalité de l'artiste, elle est sans valeur. En général, le texte est un poème, ou une phrase zen. La calligraphie est devenue le symbole du trésor de famille, mis en valeur sur un parchemin décoré, le *kakemono,* et placé dans le *tokonoma* (place d'honneur dans la pièce principale d'une maison). *Kake* signifie : rouleau suspendu. C'est en Chine et au Japon le symbole de la transmission familiale d'une œuvre d'art.

CHANOYU : Cérémonie du thé. Manière traditionnelle d'éduquer par le corps à l'esprit du Zen. Méthode de concentration, d'entraînement à l'action délicate des mains et des doigts et à l'attitude respectueuse, paisible, tranquille et pure. *Ocha :* le thé.

* DHARMA : Selon la racine sanscrite : l'ensemble des processus qui régissent la vie cosmique, les lois de l'univers, découvertes ou à découvrir. Désigne aussi parfois tantôt l'enseignement du Bouddha, tantôt toutes les existences, ou bien toutes les vérités, la vérité cosmique.

* DHARMA KAYA : Le corps du *dharma,* corps de Bouddha. L'essence du *dharma.*

## Glossaire

DO : La Voie, la plus haute vérité.

DOGEN : 1200-1253. Le fondateur de l'école Soto au Japon. En 1223, il alla en Chine, où il pratiqua le Zen avec Maître Nyojo durant quatre ans. Il revint au japon en 1227. En 1244, il s'installa au temple d'Eihei-ji.

DOJO : Lieu où l'on pratique la méditation zen.

EGO : Le petit moi, possessif et limité, qu'il faut détruire dans la mesure où il est fait d'illusions, alors que chacun tend à lui attribuer une réalité véritable.

EKA : 487-593. Le second patriarche. En 520, il vint trouver Bodhidharma. L'histoire dit qu'il se coupa le bras gauche pour prouver sa sincérité.

ENO : 638-713. En chinois : Houeï-Neng, le sixième patriarche. C'est lui qui a véritablement établi l'école zen en Chine. Il eut plus de quarante disciples, dont Nangaku et Seigen.

FUSE : Le don sans but personnel, pas seulement matériel, également spirituel.

GASSHO : Action de joindre les mains verticalement devant soi. Ne demande pas une foi objective, est symbole de l'unité de l'esprit et de l'existence.

GENJO KOAN : Lettre de Maître Dogen. L'essence du *Shobogenzo*. Voir *I shin den shin* (1), n$^{os}$ 14-15.

GODO : Gardien du Dojo.

GUENMAI : Soupe traditionnelle, à base de riz complet et de légumes.

HAIKU : Court poème zen, au rythme 5-7-5.

* HANNYA SHINGYO ou *Makahannya haramita shingyo* (*Mahaprajna Paramita hridaya sutra* en sanscrit) : c'est l'essence du *Sutra de la Sagesse Suprême*, l'essentiel d'un ensemble de *sutras* très développés que l'on trouve dans six cents livres, et le texte central du Bouddhisme Mahayana. Il est chanté dans les dojos à l'issue du za-zen.

(1) Cahiers d'études publiés par le Dojo de Paris.

HARA : Littéralement : les intestins. Signification physiologique : concentration de nerfs aussi importante que le groupe de nerfs situé à la base du cerveau. Le hara devient vigoureux par la pratique de za-zen et la respiration juste. Centre de l'énergie et de l'activité.

\* HINAYANA OU THERAVADA : Cent ans après la mort du Bouddha, deux courants se formèrent : un courant conservateur et un courant novateur : Hinayana (Petit Véhicule) est le courant plus passif, fondé sur la loi et les préceptes. S'est répandu surtout dans le sud de l'Asie, Ceylan, Thaïlande, Birmanie...

HISHIRYO : Penser sans penser. Au-delà de la pensée.

IAIDO : Combat au sabre.

IKEBANA : Littéralement : « mettre les fleurs dans un vase rempli d'eau pour les maintenir en vie ». La décoration florale comme voie spirituelle. L'attitude subjective crée le bouquet.

IKI-OI : Respiration-vie, l'élan vital.

I SHIN DEN SHIN : De mon âme à ton âme.

JARDINS ZEN OU NIWA : Art des jardins comme voie spirituelle.

JUDO : Vaincre la force en souplesse par la puissance de la douceur.

KAI : Préceptes.

KAMAKURA : Époque de l'apogée de la civilisation médiévale japonaise, au XIII$^e$ siècle.

KANJI : Idéogramme. Devenu synonyme de calligraphie.

KARATÉ : Lutte à mains nues, sans arme. *Kara :* vides, *te :* mains. Fut créé par Bodhidharma. L'un des arts martiaux japonais.

\* KARMA : Enchaînement des causes et des effets. L'acte et ses conséquences (actions, paroles et pensées, êtres et choses sont étroitement interdépendants).

## Glossaire

KEIZAN : Quatrième successeur de Dogen. Fondateur du temple de Sojiji.

KEKKA : Posture du lotus. *Hanka :* demi-lotus.

KENDO : Escrime japonaise.

KESA : Symbole de la transmission de maître à disciple. L'habit du Bouddha, l'habit du moine. *Rakusu :* petit *kesa,* plus pratique pour la vie courante, les voyages, et donné aussi aux disciples *(bodhisattvas).* A l'origine, fut créé par le Bouddha. Lorsqu'il eut découvert za-zen, Bouddha se rendit au bord du Gange, où l'on brûlait les morts. Il prit des morceaux de linceul, les lava dans le fleuve, les teignit avec la terre ocre (*kazaya* en sanscrit signifie : ocre) et les assembla. Plus tard, on se servit des feuilles des arbres et on mêla les couleurs de façon à ce que les morceaux de chiffon inutilisés, une fois lavés et cousus ensemble, aient une couleur « cassée », non vive. Le sens du *kesa,* dont les coutures dessinent une rizière, est : évocation du travail. Et surtout : l'étoffe la plus usagée peut devenir la plus belle, la plus sacrée, de même que l'être le plus perverti peut devenir le plus éveillé.

KI : Activité invisible emplie de l'énergie du cosmos. Devient l'énergie du corps, dans toutes ses cellules.

KIN-HIN : Après za-zen, marcher lentement selon la méthode transmise.

KOAN : Originellement : Principe de gouvernement. Ici, problème contradictoire de l'existence. Principe de vérité éternelle transmis par un Maître.

KODO SAWAKI : 1880-1965. Maître de Taisen Deshimaru, dont ce dernier a reçu la transmission *(shiho)* et l'héritage spirituel.

KOE : Au-delà. La voie du milieu.

KOLOMO : Robe noire du moine zen.

KONTIN : Assoupissement.

KU : vacuité, vide.

KUSEN : Enseignement pendant za-zen.

KWATZ : Cri du Maître zen, qui part du hara.

KYOZAKU : Bâton du Maître zen. Le coup de *kyosaku,* pendant le za-zen, a un effet à la fois tonifiant et calmant.

MAHAYANA : ou Grand Véhicule. Courant novateur du bouddhisme. Amour universel et activité pour le salut de l'humanité. La Voie active. S'est répandu en Chine, au Tibet et au Japon.

MAKA HANNYA HARAMITA SHINGYO : *Sutra de la Sagesse Suprême.* Commun à tout le bouddhisme.

* MANA : Conscience qui est comprise comme le sixième sens par lequel sont perçues les fonctions mentales.

* MANJUSRI : (*Monju-Botatsu* en japonais) Bodhisattva symbolisant la Sagesse.

MOKUAS : Sorte de pointe de feu appliquée sur les points des méridiens d'acupuncture à l'aide d'un bâton d'encens ou d'un cône d'armoise (ce qui a un effet bénéfique sur les organes correspondant au méridien touché). Traitement intermédiaire entre les massages et l'acupuncture proprement dite.

MOKUGYO : Littéralement : poisson de bois. Instrument servant dans les cérémonies bouddhistes à rythmer le chant des *sutras*.

MONDO : *Mon :* questions, *do :* réponses. Questions et réponses entre disciples et maître.

MU : Absolument rien.

MUI : Au-delà.

MUSHOTOKU : Sans but ni esprit de profit.

* NAGARJUNA : Considéré comme le Patriarche de la plupart des écoles du Bouddhisme japonais. Propagateur de la Voie du Milieu. Auteur des commentaires de la *Mahaprajna Paramita (Hannya Shingyo)*.

NANGAKU : Disciple d'Eno.

## Glossaire

* NIRVANA : Extinction complète des phénomènes. Désigne parfois la mort.

NO : Théâtre traditionnel japonais. L'influence du Zen y est prépondérante. Les grands artistes du Nô pratiquent za-zen.

NYOJO : Maître instructeur de Dogen en Chine.

OBAKU : Troisième école zen du Japon. Houang-po, dont le nom se dit Obaku en japonais, le troisième successeur de Houeï-Neng, qui était l'instructeur de Lin-Tsi (Rinzaï), fonda cette école au $IX^e$ siècle en Chine. Ingen l'introduisit au Japon assez tard, en 1654. Elle conserva la pure doctrine et les coutumes chinoises.

RINZAÏ : Dans le Zen, il n'y a pas de sectes. Mais à partir de Houeï-Neng (Eno), cinq écoles se formèrent selon les lieux et les méthodes d'éducation. Toutes pratiquaient le za-zen. Il reste les deux principales, le Rinzaï et le Soto. Dans le Rinzaï, on utilise plus formellement les *koans*, et le za-zen, que l'on pratique face au centre du dojo, est devenu une méthode pour atteindre le *satori*.

ROSHI : *Ro :* vieux, *shi :* maître. Titre honorifique donné aux grands Maîtres responsables d'un temple.

SAKE : Alcool de riz.

* SAMADHI : (*Zan Mai* en japonais) concentration.

SAMPAI : Prosternation, devant le Bouddha ou devant le Maître, front contre terre, les paumes des mains dirigées vers le ciel de chaque côté de la tête (symboliquement pour recevoir les pas du Bouddha).

SAMU : Concentration sur le travail manuel.

* SANGHA : Dans le Bouddhisme, groupe du Maître et des disciples.

SANRAN : Excitation.

SAN SHO DO EI : Recueil de chants et de poèmes, de Maître Dogen.

SATORI : S'éveiller à la vérité cosmique.

SEIGEN ou GYO-SHI : Disciple d'Eno.

SEI-MEI : La vie.

SEKITO : 700-790. Premier disciple de Seigen.

SESSHIN : Période d'entraînement intensif au za-zen. Un à plusieurs jours de vie collective, de concentration et de silence dans le dojo. On fait quatre à cinq heures de za-zen par jour, entrecoupées de conférences, *mondos,* travail manuel *(samu)* et repas.

SHIHO : Certificat de transmission et de succession remis par le maître au cours d'une cérémonie.

SHIKANTAZA : « Seulement s'asseoir ». Se concentrer sur la pratique du za-zen.

SHIKI : Les phénomènes, les formes, les choses visibles.

SHIN : Le cœur, l'âme, l'esprit, l'intuition.

SHIN JIN MEI : *Poème de la foi en za-zen,* de Maître Sozan ( ? -606).

SHINKU : La véritable Vacuité.

SHI-SEI : Forme-force, désigne la posture de za-zen.

SHITSUKE : Beauté, harmonie du corps.

SHOBOGENZO : *Le Trésor de la Vraie Loi,* œuvre maîtresse de Maître Dogen.

SHODOKA : *Chant de l'immédiat satori* de Maître Yoka.

SHU-SHO : Pratique de *satori.*

SKANDAS : Agrégats (sensation, perception, pensée, activité, conscience).

SOTO : Dans l'école Soto, za-zen est pratiqué sans but, sans objet et face au mur. Le maître ne donne pas systématiquement de *koans,* mais ses réponses aux questions des disciples, utilisant les éléments de la vie quotidienne, deviennent des *koans.*

SUMIE : Peinture au moyen de *sumi :* encre noire. Expression simple et spirituelle.

*Glossaire*

* SUNYATA : Semblable à *ku*.

* SUTRAS : L'enseignement du Bouddha, transcrit par ses disciples. Est devenu en fait l'enseignement des Maîtres, inclut tout leur enseignement à partir des paroles du Bouddha.

TAI : La mécanicité du corps. Système osseux, sanguin, musculaire, nerveux, cellulaire. Si son activité cesse, cela veut dire la mort.

TANKA : Poème, un plus long que le *haiku*.

TATAMI : Tapis très doux, fait de paille de riz.

TATHAGATA : La nature de Bouddha.

TEISHO : Parole vivante du Maître.

TENDAI : Du chinois Tien-T'ai, fondé par le Chinois Chih-Kai (531-597). Cette école a comme premier Patriarche Nagarjuna, et s'appuie sur le *Sutra du Lotus de la Loi Juste*. La triple vérité du Tendai est : vacuité, temporalité et Voie du Milieu. La brillance du miroir est *ku* parce qu'en réalité non existante. Ce qui est reflété est temporaire et impermanent. Le miroir représente le chemin du milieu. Les monastères T'ien-T'ai de Chine étaient déjà très connus à l'époque de Nara (710-784) par des textes. Mais ce fut en 806 que le moine Saicho (767-812) — connu sous le nom posthume de Dengyo Daishin — fonda l'école au Japon, au Temple Enryaku Ju, sur le mont Hiei face à Kyoto, qui était la nouvelle capitale à cette époque.

TENZO : cuisinier.

TRANSMIGRATION : Doctrine héritée de la pensée indienne, selon laquelle, après sa mort, la parcelle d'énergie psychique, indestructible (l'*atman*), contenue dans chaque être, se réinvestit dans une nouvelle création de l'un des trois mondes, à moins que l'être ne réussisse à échapper au cycle des renaissances *(sam sara)* en entrant dans le *nirvana*.

UNSUI : « Nuage et eau », nom du moine zen.

VAJRA : Diamant-foudre. En tibétain *dorjee*. Avec le lotus, symbole de l'éveil.

YAKUSAN : 731-834. Disciple de Sekito.

ZAFU : Coussin dur rempli de kapok, sur lequel on s'assied pour la pratique de za-zen ; le Bouddha se confectionna un coussin d'herbes sèches. Relever l'assise est nécessaire pour poser les genoux à terre et bien redresser la colonne vertébrale.

ZANSHIN : L'esprit qui demeure, l'attention juste, qui ne faiblit pas après l'action.

ZA-ZEN SHIN : *L'attention portée à za-zen* de Maître Dogen.

ZEN : *Tch'an* en chinois, *Dhyana* en sanscrit. Vrai et profond silence. Habituellement traduit par : concentration, méditation sans objet. Retour à l'esprit originel et pur de l'être humain.

Table des matières

# LA PRATIQUE DU ZEN (ZA-ZEN)

LA VOIE ABRUPTE, par Marc de Smedt ................ 9
PRÉSENTATION, par Vincent Bardet .................. 15
ICI ET MAINTENANT, par Taisen Deshimaru .......... 25
   Le secret de la Voie de l'épée ...................... 25
   Qu'est-ce que le Zen? ............................. 26

POSTURE D'ÉVEIL

   Za-zen est le secret du Zen ........................ 31
   La forme et la force (*Shi-sei*) ..................... 34
   L'essence de la marche (*Kin-hin*).................. 35
   S'asseoir en silence................................ 38
   L'esprit du geste (*Zanshin*)....................... 39
   Du silence s'élève l'esprit immortel ................ 40
   Devenir l'arbre, la montagne, la nature ............ 40
   La non-peur de la mort ........................... 42
   L'éveil (*satori*) .................................. 44
   L'œil de la sagesse ............................... 47

MONDO

   En posture de za-zen ............................. 49
   Zen et vie quotidienne............................ 56

L'esprit du Zen ................................. 62
La mort ........................................ 72


QU'EST-CE QUE LA CONCENTRATION ?

Penser sans penser ............................... 79
Histoire de Gobuki ............................... 81
Lumière et illumination........................... 81
Le fruit de la palme est mûr ...................... 85
Il est possible de couper le *karma* ................ 85
Histoire de *miaou*............................... 87
Promouvoir l'évolution ........................... 89
Le drapeau bouge ................................ 90
La paix du sage .................................. 90
L'activité ....................................... 92
Histoire de la marchande de gâteaux................ 93
Zen et santé ..................................... 94
Le samouraï et les trois chats ..................... 95
Le Zen et la souffrance ........................... 96
Le vieil arbre mort au cœur de la montagne .......... 101


KOANS

Passer sur l'autre rive............................ 103
D'esprit à esprit ................................. 105


TEXTES TRADITIONNELS

Hannya Shingyo, *Essence du Sutra de la Sagesse Suprême*........................................ 115
Shin Jin Mei, *Poème de la foi en za-zen*............ 117
Shodoka, *Chant de l'immédiat satori* .............. 121

*Table des matières* 281

Fukanzazenji, *Pour la diffusion universelle des principes de za-zen*..................................... 122
Za-zen Shin, *L'Esprit de za-zen* ..................... 126

## TEXTES SACRÉS DU ZEN (CH'AN)

Introduction ....................................... 131
Hokyo Zan Mai, *Samadhi du Miroir du Trésor*, de Maître Tozan............................................ 135
San Do Kai, *L'essence et les phénomènes s'interpénètrent*, de Maître Sekito................................. 223

GLOSSAIRE......................................... 267

# EXTRAITS DU CATALOGUE

Spiritualités vivantes / poche

*Essais sur le Bouddhisme Zen*, première série, Daisetz Teitaro Suzuki (n° 9).
— *Id.*, deuxième série (n° 10).
— *Id.*, troisième série (n° 11).
*La Pratique du Zen*, Taïsen Deshimaru (n° 25).
*Zen et arts martiaux*, Taïsen Deshimaru (n° 38).
*Satori. Dix ans d'expérience avec un Maître Zen*, Jacques Brosse (n° 41).
*Questions à un Maître Zen*, Taïsen Deshimaru (n° 44).
*Zen et vie quotidienne*, Taïsen Deshimaru (n° 47).
*Le Trésor du zen*, Maître Dogen, traduit et commenté par Taïsen Deshimaru (n° 54).
*Le Bol et le Bâton*, cent vingt contes Zen racontés par Taïsen Deshimaru (n° 59).
*Mystères de la sagesse immobile*, Maître Takuan, traduits et présentés par Maryse et Masumi Shibata (n° 64).
*L'Autre Rive*, textes fondamentaux commentés par Taïsen Deshimaru (n° 67).
*Nuages fous*, Ikkyu, traduit et commenté par Maryse et Masumi Shibata (n° 90).
*Le Chant de l'immédiat Satori*, de Yoka Daishi, traduit et commenté par Taïsen Deshimaru (n° 99).
*Sermons sur le Zen, Réflexions sur la Terre Pure*, traduits et présentés par Maryse et Masumi Shibata (n° 108).
*L'Anneau de la voie*, Taïsen Deshimaru (n° 110).
*Zen et samouraï*, Suzuki Shôsan, traduit et présenté par Maryse et Masumi Shibata (n° 119).
*Moine zen en Occident*, Roland Rech (n° 123).
*La Saveur du Zen, poèmes et sermons d'Ikkyû*, traduit et présenté par Maryse et Masumi Shibata (n° 155).
*Polir la lune et labourer les nuages*, Maître Dogen (n° 159).
*L'éveil subit*, Houei-Hai, suivi de *Dialogues du Tch'an*, traduits et présentés par Maryse et Masumi Shibata (n° 160).
*Zen et Occident*, Jacques Brosse (n° 163).

Espaces libres

*Zen et self-control*, Dr Ikemi et Taïsen Deshimaru (n° 11).
*Le Zen et la Bible*, Kalichi Kadowaki (n° 27).
*Le Zen en chair et en os*, Paul Reps (n° 41).
*Méditation zen et prière chrétienne*, Enomiya Lassale s.j. (n° 47).
*Les Chemins du Zen*, Daisetz Teitaro Suzuki (n° 57).
*Le Doigt et la lune*, Alexandro Jodorowsky (n° 72).

La Bibliothèque spirituelle

*Mystique et Zen* suivi du *Journal d'Asie*, Thomas Merton.

Spiritualités vivantes / grand format

*L'Expérience du Zen*, Thomas Hoover.
*Le Rire du Tigre. Voyages avec un Maître Zen*, Marc de Smedt.
*Maître Dôgen*, Jacques Brosse.
*Le Chant de l'éveil. Le Shôdôka commenté par un maître zen*, Kôdô Sawaki.

Hors collection

*Zen* (album illustré), Laurent Kaltenbach, Michel Bovay et Evelyn de Smedt.
*Rien qu'un sac de peau*, Tanahashi Kazuaki.
*Le Zen et l'art de Hakuin*, Tanahashi Kazuaki.

Carnets de sagesse

*Paroles zen*, Marc de Smedt et Taïsen Deshimaru.

« *Spiritualités vivantes* »
Collection fondée par Jean Herbert

au format de poche

DERNIERS TITRES PARUS

140. *Le Yoga et saint Jean de la Croix,* de Swâmi Siddheswarananda.
141. *Traces de lumières, paroles initiatiques soufies,* de F. Skali.
142. *Aux sources de la joie,* de Mâ Ananda Moyî, traduction et préface de Jean Herbert.
143. *Temps et prières,* de Al-Ghazâlî,
144. *L'Enfant de pierre et autres contes bouddhistes,* de Thich Nhat Hanh.
145. *Le Livre du dedans,* de Rûmî.
146. *Trois mystiques grecs, Orphée, Pythagore, Empédocle,* de S. Jacquemard.
147. *Le Miroir des âmes simples et anéanties,* de M. Porete.
148. *Présence de Râm,* de Swâmî Râmdâs, trad. de J. Herbert.
149. *Traité du Vide parfait,* de Lie Tseu, trad. de J.-J. Lafitte.
150. *Les Illuminations de La Mecque,* d'Ibn Arabî, trad, sous la direction de M. Chodkiewicz.
151. *Le Silence foudroyant,* de Thich Nhat Hanh, traduction de Z. Bianu.
152. *Comme un éclair déchire la nuit,* du Dalaï-Lama.
153. *Jung et la question du sacré,* d'Y. Tardan-Masquelier.
154. *La Religion des Chinois,* de M. Granet.
155. *La Saveur du Zen. Poèmes et sermons d'Ikkyû et de ses disciples,* traduits et présentés par M. et M. Shibata (Inédit).
156. *L'Étincelle de l'âme, Sermons I à XXX,* de Maître Eckhart, traduits et présentés par G. Jarczyk et P.-J. Labarrière (Inédit).
157. *Poèmes mystiques,* de Hallaj.
158. *Sagesses de la mort,* de Z. Bianu.
159. *Polir la lune et labourer les nuages,* de Maître Dôgen, anthologie présentée par J. Brosse (Inédit).
160. *L'Éveil subit,* de Houei-hai suivi de *Dialogues du Tch'an,* traduits et présentés par M. et M. Shibata.
161. *L'Imitation de Jésus-Christ,* trad. par P. Corneille.

162. *Dieu au-delà de Dieu, sermons XXXI à LX,*
de Maître Eckhart, traduits et présentés par G. Jarczyk
et P.-J. Labarrière (Inédit).
163. *Zen et Occident,* de J. Brosse.
164. *Dialogue sur le chemin initiatique,* de K. G. Dürckheim
et A. Goettmann.
165. *Prendre soin de l'être,* de J.-Y. Leloup.

*La composition de cet ouvrage
a été réalisée par l'**Imprimerie Bussière,**
l'impression et le brochage ont été effectués
sur presse Cameron dans les ateliers
de **Bussière Camedan Imprimeries**
à Saint-Amand-Montrond (Cher),
pour le compte des Éditions Albin Michel.*

*Achevé d'imprimer en avril 1999.
N° d'édition : 18257. N° d'impression : 991725/1.
Dépôt légal : avril 1999.*